# 现代采购管理与实践

◆刘世杰　著

吉林大学出版社

·长　春·

图书在版编目(CIP)数据

现代采购管理与实践 / 刘世杰著. --长春：吉林
大学出版社，2024.10. -- ISBN 978 - 7 - 5768 - 4019 - 3

Ⅰ. F274

中国国家版本馆 CIP 数据核字第 2024PA9780 号

书　　名：现代采购管理与实践
　　　　　XIANDAI CAIGOU GUANLI YU SHIJIAN

作　　者：刘世杰
策划编辑：马宁徽
责任编辑：马宁徽
责任校对：赵雪君
装帧设计：刘　强
出版发行：吉林大学出版社
社　　址：长春市人民大街 4059 号
邮政编码：130021
发行电话：0431－89580036/58
网　　址：http：//www.jlup.com.cn
电子邮箱：jldxcbs@sina.com
印　　刷：天津鑫恒彩印刷有限公司
开　　本：787mm×1092mm　　1/16
印　　张：11.5
字　　数：165 千字
版　　次：2025 年 3 月　第 1 版
印　　次：2025 年 3 月　第 1 次
书　　号：ISBN 978 - 7 - 5768 - 4019 - 3
定　　价：58.00 元

前言
Introduction/

　　在全球化和信息化的时代背景下，采购管理作为企业运营中的关键环节，其重要性日益凸显。有效的采购管理不仅能够帮助企业降低成本、提高运营效率，还能为企业在激烈的市场竞争中赢得先机。《现代采购管理与实践》一书应运而生，旨在为追求采购管理最佳实践的企业和个人提供全面的指导和参考。

　　本书在撰写过程中，始终贯彻学术性与实践性相结合的原则。我们深入剖析了现代采购管理的核心理念和最新发展趋势，同时紧密结合企业实际，提供了大量生动的案例分析和实用的操作建议。通过对采购流程、成本控制、质量管理、供应商管理等诸多方面的详尽阐述，本书力求帮助读者构建一个完整、系统的采购管理知识体系。

　　本书还特别关注了近年来国内外在采购管理领域的最新理论和实践成果。我们引用了党的十九大、二十大等最新政策理论，以及业界前沿的研究成果，确保内容的时效性和前瞻性。同时，我们也充分考虑了不同行业和企业的差异性，力求使本书的建议和策略具有广泛的适用性和可操作性。

无论您是企业管理层、采购专业人员，还是对采购管理感兴趣的学生和研究者，本书都将为您提供宝贵的启示和帮助。我们衷心希望，《现代采购管理与实践》能成为您提升采购管理能力、推动企业持续发展的有力工具。

让我们携手共进，探索现代采购管理的奥秘，为企业创造更大的价值！

# 目　录

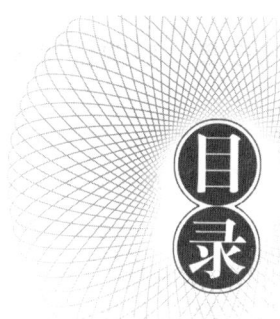

第一章

采购管理的基本概念

# 第一节　采购的定义与分类

## 一、采购的定义

采购，从字面上理解，即"采办"与"购买"的结合，是企业或组织为满足其生产或经营活动需要，通过一定的交易手段，从供应市场获取必要物资和服务的过程。

在现代企业管理与供应链管理的语境下，采购的内涵远不止于此。首先，采购不仅仅是简单的商品购买行为，而是一个涵盖了多个复杂环节的综合管理过程。这些环节包括但不限于供应商的选择与评估、商务谈判与价格确定、采购合同的签订与执行，以及后续的质量控制与供应商关系管理等。这些环节相互关联，共同构成了采购管理的完整体系。其次，采购在企业运营中扮演着至关重要的角色。它是确保企业正常运营和持续发展的关键环节。通过有效的采购管理，企业可以优化成本结构，提高运营效率，从而增强市场竞争力。同时，与供应商建立良好的合作关系，也有助于企业应对市场变化，降低供应链风险。此外，随着供应链管理理论的不断发展和实践应用，采购的战略地位日益凸显。现代采购管理不再局限于传统的购买活动，而是上升到了企业战略层面。它要求采购部门与企业的其他部门紧密合作，共同制定采购策略，以实现企业的整体战略目标。

因此，我们可以将采购定义为：企业或组织为获取生产或经营活动所需的物资和服务，通过一系列交易和管理活动，从供应市场获取相关资源的过程。这个过程不仅涉及商品的购买，还包括供应商选择、商务谈判、合同管理、质量控制等多个重要环节，是企业运营中不可或缺的一部分。在这样的定义下，我们可以更深入地理解采购在现代企业管理中的重要性。它不仅是保障企业正常运营的基础，更是推动企业持续发展和提升竞争力的关键因素。通过不断优化采购管理流程和提高采购效率，企业可以更好地应对市场挑战，实现长期稳定的发展。

## 二、采购的分类

采购活动因其复杂性和多样性，可以根据不同的维度进行分类。这种分类有助于我们更深入地理解采购活动的特点和要求，从而制定更为精准的采购策略。以下是根据采购的目的、对象及方式的不同，对采购进行的详细分类。

**1. 按采购对象分类**

根据采购对象的不同，我们可以将采购分为有形物资采购和无形服务采购两大类。

（1）有形物资采购

这类采购主要涉及原材料、零部件、设备等具体物品的购买。在企业运营中，有形物资采购占据了重要地位，因为它是生产活动的基础。例如，制造业企业需要购买原材料和零部件来生产产品，而零售企业则需要采购商品来销售给消费者。有形物资采购的关键在于确保物品的质量、数量和交货期，以满足生产和销售的需求。

（2）无形服务采购

与有形物资采购相对应，无形服务采购涉及的是非物资性的服务，如技术咨询、广告设计、市场调研等。这类采购在现代企业中也越来越重要，因为它能够帮助企业提升运营效率、增强市场竞争力。例如，通过技术咨询，企业可以引入先进的技术和管理经验；通过广告设计，企业可以提升品牌形象和市场知名度。

**2. 按采购方式分类**

采购方式的不同，主要体现在采购活动的组织和执行方式上。根据这一维度，我们可以将采购分为集中采购和分散采购。

（1）集中采购

在这种方式下，采购活动由专门的采购部门或机构统一进行。这样做的好处是有利于降低成本和提高效率。通过集中采购，企业可以整合需求，发挥规模优势，与供应商进行更有利的谈判。此外，集中采购还有助于实现采购活动的标准化和规范化，提高采购管理的专业水平。

（2）分散采购

与集中采购相对应，分散采购是由各需求部门根据自身需要分别进行采购。这种方式的灵活性较高，能够快速响应各部门的具体需求。然而，它也可能导致采购成本的增加和采购效率的降低，因为各部门可能无法充分利用规模优势进行谈判，同时也不利于采购活动的统一管理和监控。

**3. 按采购来源分类**

根据采购来源的不同，我们可以将采购分为国内采购和国际采购。

（1）国内采购

这是指从国内市场获取所需物资或服务。国内采购相对简单直接，因为供需双方处于同一法律、经济和文化环境下，沟通和协调相对容易。然而，国内市场的资源和技术可能有限，有时需要寻找更广阔的供应链来源。

（2）国际采购

涉及跨国或跨地区的采购活动。随着全球化的深入发展，国际采购越来越普遍。它可以帮助企业获取更优质、更廉价的资源和服务，提升企业的竞争力。然而，国际采购也面临更多的挑战和风险，如汇率波动、文化差异、贸易壁垒等。因此，在进行国际采购时，企业需要具备更强的风险管理能力和跨文化沟通能力。

**4. 按采购时间分类**

根据采购时间的长短和频率，我们可以将采购分为长期采购和短期采购。

（1）长期采购

这种采购方式通常与供应商建立长期合作关系，通过签订长期合同来确保稳定的供应和优惠的价格。长期采购有助于企业降低交易成本、确保供应的稳定性，并有机会与供应商共同进行技术研发和产品创新。然而，长期采购也可能导致企业对特定供应商的依赖，降低采购的灵活性。

（2）短期采购

这类采购活动通常是针对临时性或一次性的需求进行的。例如，企业可能需要为某个特定项目或活动采购一批物资或服务。短期采购的优点是灵活性高、响应速度快，但缺点是成本可能较高，且难以与供应商建立稳定的合作关系。

**5.按采购策略分类**

根据采购策略的不同，我们可以进一步将采购分为单一来源采购和竞争性谈判采购。

（1）单一来源采购

在这种策略下，企业直接从某个特定的供应商处采购所需的物资或服务。这种方式通常适用于以下情况：市场上只有一家供应商能够提供所需的产品或服务；或者企业与某家供应商已经建立了长期的合作关系，且该供应商的产品质量和服务都得到了企业的认可。单一来源采购的优点是简化了采购流程、降低了交易成本，但缺点是可能导致企业对特定供应商的依赖，以及在价格和质量方面缺乏比较和选择的机会。

（2）竞争性谈判采购

这是指企业通过邀请多家供应商进行谈判，从而选定最终的合作对象。竞争性谈判采购的优点是显而易见的：它有助于企业获取更优惠的价格和更优质的服务。通过引入竞争机制，企业可以激发供应商之间的价格竞争和服务质量的提升。然而，这种方式也存在一些挑战。例如，谈判过程可能复杂且耗时较长；同时，企业需要具备强大的谈判能力和市场分析能力以确保在谈判中占据有利地位。此外，竞争性谈判采购还可能引发供应商之间的恶意竞争和价格战等问题需要企业谨慎处理。

采购的分类多种多样且各具特点。企业在实际操作中应根据自身的需求和市场环境选择合适的采购方式和策略以确保采购活动的有效性和高效性。采购作为企业运营的重要环节，其分类的多样性和复杂性体现了现代采购管理的挑战与机遇。企业需要根据自身的实际情况和需求，灵活选择适合的采购方式和策略，以确保采购活动的有效性和效率。[①]

---

① 何婵. 采购管理[M]. 南京：南京大学出版社：2017：195.

# 第二节　采购管理的重要性

## 一、成本控制与节约

采购管理在企业运营中占据着举足轻重的地位，其核心重要性首先体现在成本控制与节约方面。在现代企业管理体系中，成本控制是提升企业竞争力、实现可持续发展的关键环节。采购管理作为成本控制的重要组成部分，其效果直接关系到企业的盈利能力和市场竞争力。

通过实施有效的采购管理策略，企业能够在纷繁复杂的市场环境中精准地识别出高性价比的供应商，从而以更优惠的价格获取到优质的物资和服务。这种成本优势不仅直接降低了企业的生产成本，还为企业创造了更大的利润空间。在激烈的市场竞争中，哪怕是微小的成本节约，都可能成为企业胜出的关键因素。除了直接的成本控制效益，科学的采购管理还能在减少库存积压和浪费方面发挥重要作用。通过精确的需求预测和库存管理，企业可以避免过度采购和库存积压，从而减少资金占用和浪费。这种精细化的管理方式不仅提高了企业的运营效率，也为企业带来了更多的资金流动性，进一步增强了企业的抗风险能力。

在实施采购管理时，企业必须注重策略的制定和执行。这包括但不限于供应商的选择、采购计划的制定、合同条款的谈判以及采购过程的监控等环节。每一个环节都需要精心设计和严格执行，以确保采购活动的有效性和高效性。采购管理并非孤立的环节，而是需要与企业整体战略和业务需求紧密相连。采购部门需要与其他部门紧密合作，共同制定出符合企业实际情况的采购策略。这种跨部门的协作不仅有助于提升采购管理的效果，还能促进企业内部的沟通和协调。此外，采购管理还涉及到风险管理和合规性问题。企业需要确保采购活动的合法性和合规性，避免因违规行为而带来的法律风险。同时，通过多元化供应商选择、合同条款的明确等方式，企业可以降低供应链中断等风险，确保采购活动的稳定性和可靠性。

采购管理在成本控制与节约方面具有显著的重要性。通过有效的采购管理，企业不仅能够直接降低生产成本，还能提高运营效率和资金使用效率，从而为企业创造更大的价值。为了实现这一目标，企业需要制定科学的采购管理策略，并注重策略的执行和监控。同时，加强内部沟通和协调，确保采购管理与企业整体战略的一致性。在这个过程中，企业还需关注风险管理和合规性问题，以确保采购活动的合法性和稳定性。通过全面、系统地推进采购管理工作，企业将在激烈的市场竞争中获得更大的竞争优势。[①]

## 二、供应链稳定性与风险规避

采购管理在维护供应链稳定性与风险规避方面的重要性不容忽视。在现代企业的运营过程中，供应链的稳定性和连续性对于保障企业正常运营至关重要，而采购管理正是这一环节中的关键。

采购管理与供应链稳定性息息相关。通过与供应商建立良好的合作关系，企业能够确保原材料或服务的稳定供应，从而保持生产活动的连贯性和效率。这种合作关系的建立，需要采购部门精心选择和评估供应商，确保他们的产品质量、交货时间以及服务都能满足企业的需求。通过与供应商保持密切的沟通和协作，企业可以及时了解供应商的生产和供货情况，有效应对可能出现的供应问题。

采购管理在风险规避方面也发挥着重要作用。通过实施多元化采购策略，企业可以分散供应风险，避免因依赖单一供应商而可能导致的生产中断。当某个供应商出现问题时，企业可以迅速切换到其他备用供应商，确保生产的连续性。这种策略不仅提高了企业的风险抵御能力，也为企业创

---

① 韩雨，谢涵. 通过采购管理实务课程整体教学设计培养学生财经素养[J]. 中国储运，2023（05）：157－158.

造了更大的灵活性。

除了上述两点，采购管理还通过有效的供应商管理来进一步巩固供应链的稳定性。供应商管理是采购管理中的重要环节，它涉及到对供应商的资质审核、绩效评估以及合同条款的协商等多个方面。通过严格的供应商管理，企业可以确保所选择的供应商具备稳定的生产能力和良好的信誉，从而降低供应链中的不确定性。

在实践操作中，采购部门需要密切关注市场动态和供应商的经营状况，及时调整采购策略以适应不断变化的市场环境。例如，当某个供应商的生产成本上升或质量下降时，采购部门需要迅速作出反应，寻找替代供应商或调整采购量以确保企业的正常运营。此外，采购管理还需要与其他部门紧密合作，共同应对供应链中的风险。生产部门、销售部门以及物流部门等都需要与采购部门保持密切的沟通和协作，以确保供应链的顺畅运转。这种跨部门的合作不仅有助于提升供应链的稳定性，还能提高企业的整体运营效率。

采购管理在维护供应链稳定性与风险规避方面发挥着举足轻重的作用。通过与供应商建立良好的合作关系、实施多元化采购策略以及进行有效的供应商管理，企业可以确保供应链的稳定性和连续性，从而保障企业的正常运营和发展。在实现这一目标的过程中，采购部门需要密切关注市场动态和供应商的经营状况，及时调整采购策略并与其他部门保持紧密的沟通和协作。这样，企业才能在激烈的市场竞争中立于不败之地，实现持续稳健的发展。

## 三、支持企业战略与业务发展

采购管理在支持企业战略与业务发展方面的重要性不容忽视。在当今快速变化的市场环境中，企业的成功不仅仅取决于短期的采购成本控制和供应链稳定性，更在于采购管理如何与企业的长期战略相结合，共同推动业务的发展和市场竞争力的提升。

采购管理通过优先选择与符合企业自身发展战略的供应商合作，为企业提供了实现长期目标的重要支持。企业在制定发展战略时，通常会明确自身的市场定位、产品方向和创新路径。采购部门应当深入理解这些战略意图，并在采购活动中积极寻找那些能够提供高质量产品和服务、具有技术创新能力的供应商。通过与这些供应商建立稳定的合作关系，企业可以确保所采购的原材料、零部件或服务不仅满足当前的生产需求，还能够支持企业未来的产品开发和市场扩展计划。

采购管理在推动企业业务发展方面发挥着关键作用。一个高效的采购系统能够帮助企业及时发现市场机会，并迅速调整采购策略以应对市场变化。例如，当市场上出现新的技术或材料时，采购部门应当敏锐地捕捉到这些变化，并积极与供应商合作，将这些新技术或材料引入企业的产品线中。这样不仅可以提升产品的性能和竞争力，还有助于企业开拓新的市场领域。

采购管理还通过优化供应商资源，为企业的业务发展提供有力保障。一个优秀的供应商不仅可以提供高质量的产品和服务，还能够在技术创新、交货期、售后服务等方面给予企业全方位的支持。通过与这些供应商建立长期稳定的合作关系，企业可以降低采购风险，提高生产效率，从而在激烈的市场竞争中占据有利地位。同时，采购管理在支持企业战略与业务发展时，也需要注重与内部其他部门的协同合作。生产部门、研发部门、销售部门等都需要与采购部门保持密切的沟通和协作，共同制定和执行采购计划，确保采购活动与企业整体战略保持一致。这种内部协同不仅可以提高采购效率，还有助于企业更好地把握市场机遇，推动业务的快速发展。

在实践操作中，采购部门还需要不断学习和掌握新的采购技能和知识，以适应不断变化的市场环境和供应商状况。通过参加专业培训、与同行交流、关注行业动态等方式，采购人员可以不断提升自身的专业素养和综合能力，更好地为企业战略和业务发展提供有力支持。采购管理在支持企业战略与业务发展方面具有举足轻重的作用。通过与符合企业发展战略的供应商合作、敏锐捕捉市场机遇、优化供应商资源以及加强内部协同合作等方式，采购管理可以为企业创造更大的价值，推动业务的持续发展和市场竞争力的不断提升。在这个过程中，采购部门需要注重自身能力的建设和提升，以更好地服务于企业的整体战略目标。[①]

## 四、响应国家政策与法规

采购管理在响应国家政策与法规方面的重要性不容忽视。随着全球化和市场经济的不断发展，国家对采购活动的法规和政策日益完善，这不仅规范了采购市场的秩序，也为企业采购活动提供了法律保障。有效的采购管理能够确保企业的采购行为符合国家法律法规的要求，从而避免因违规操作而带来的法律风险。

采购管理要确保企业采购活动的合法性。在采购过程中，企业必须遵守国家相关的法律法规，如《招标投标法》、《政府采购法》等。这些法律对企业的采购行为、程序和标准都有明确的规定。采购管理部门需要深入了解这些法律条款，并将其融入到企业的采购流程和策略中，确保每一次采购活动都严格遵循法律要求。这样不仅可以维护企业的声誉和形象，还能避免因违法行为而导致的法律纠纷和经济损失。特别是在公共采购领域，如政府采购、国企采购等，采购管理的合规性显得尤为重要。这些领域的采购活动往往涉及大量的公共资金，因此必须接受更为严格的法律监管。通过实施有效的采购管理，企业可以确保公共资金的合理使用，提高采购效率，同时维护公共利益的实现。

采购管理还有助于企业响应国家的产业政策。国家为了推动某些行业的发展，可能会出台一系列的优惠政策和扶持措施。通过采购管理，企业可以及时了解并响应这些政策，从而享受到相应的政策红利。例如，国家可能针对环保、节能等领域给予税收优惠或补贴，企业通过调整采购策略，优先采购这些领域的产品或服务，不仅可以降低采购成本，还能为国家的产业发展做出贡献。此外，采购管理还有助于企业履行社会责任。在

---

① 彭栋梁. 采购管理在项目执行中成本控制方法[J]. 四川建材，2022，48（09）：198－199＋201.

采购过程中，企业可以选择那些符合环保标准、社会责任强的供应商进行合作。这样不仅可以提升企业的品牌形象，还能促进社会的可持续发展。通过采购管理来推动供应链的绿色化和社会责任化，已经成为越来越多企业的选择。

在实践操作中，采购部门需要密切关注国家政策和法规的动态变化，及时调整企业的采购策略和流程。同时，采购部门还需要与法务部门紧密合作，确保采购活动的合法性和合规性。此外，通过加强供应商管理、完善采购流程、提高采购人员的法律意识和职业素养等措施，可以进一步提升采购管理的效能和合规性。

采购管理在响应国家政策与法规方面发挥着重要作用。通过确保采购活动的合法性和合规性、响应国家的产业政策以及履行社会责任等方式，采购管理不仅可以保障企业的稳健运营，还能为国家的经济发展和社会进步做出贡献。在未来的发展中，随着法律法规的不断完善和市场环境的不断变化，采购管理的重要性将更加凸显。

## 五、推动企业社会责任实践

采购管理在推动企业社会责任实践方面起着至关重要的作用。在当今社会，企业社会责任已经成为企业不可或缺的一部分，它要求企业在追求经济效益的同时，也要积极关注环境、社会和公司治理标准。采购管理作为企业运营的关键环节，通过选择符合社会责任标准的供应商，可以有效地推动整个供应链的可持续发展。

采购管理有助于企业选择环保、注重劳动权益保护的供应商。在采购过程中，企业可以通过对供应商的评估和筛选，优先选择那些遵循环保法规、采用环保材料和生产工艺的供应商。同时，企业还可以倾向于选择那些尊重劳动权益、提供良好工作条件和合理薪酬的供应商。这样，企业不仅确保了采购的产品和服务符合社会责任标准，还通过自身的采购行为，对供应商形成了积极的激励和引导，促进了整个供应链的绿色发展和社会责任实践。

　　采购管理推动企业践行社会责任，提升了企业的品牌形象。在现代商业环境中，企业的品牌形象和声誉对于其长期发展至关重要。通过采购管理践行社会责任，企业展示了对环境、社会和员工的关注和尊重，这有助于提升企业在公众心目中的形象和信誉。一个积极履行社会责任的企业，往往能够赢得更多消费者的信任和支持，进而在市场竞争中占据有利地位。

　　采购管理在推动企业社会责任实践方面还具有深远的战略意义。随着全球化和信息化的不断发展，企业的经营环境日益复杂多变。在这样的背景下，企业需要更加注重长期发展和社会责任实践，以应对各种挑战和风险。通过采购管理推动社会责任实践，企业可以与供应商建立更加紧密和互信的合作关系，共同应对市场变化和挑战。这种战略性的合作有助于提升整个供应链的竞争力和稳定性，从而为企业创造更大的商业价值。同时，我们也不能忽视采购管理在推动企业社会责任实践中的挑战和难点。例如，如何在追求成本效益和社会责任之间找到平衡点？如何确保供应商真正遵循社会责任标准？为了解决这些问题，企业需要建立完善的采购管理体系和供应商评估机制，加强与供应商的沟通和协作，确保采购活动的合规性和可持续性。

　　在实践操作中，企业可以通过多种方式来强化采购管理在推动企业社会责任实践中的作用。例如，建立明确的采购政策和标准，将社会责任要求纳入其中；加强对供应商的培训和支持，帮助他们提升社会责任意识和能力；定期开展供应商评估和审核工作，确保他们的实际行为与企业的社会责任要求保持一致等。采购管理是推动企业社会责任实践的重要手段之一。通过选择符合社会责任标准的供应商、建立紧密的供应链合作关系以及加强采购管理体系建设等措施，企业可以有效地践行社会责任并提升自身的品牌形象和竞争力。在未来的发展中，随着社会责任意识的不断提高和市场需求的不断变化，采购管理的重要性将更加凸显其在推动企业可持续发展中的关键作用。

　　采购管理在现代企业运营中占据着举足轻重的地位。它不仅是成本控制和供应链稳定的关键环节，还是支持企业战略发展、响应国家政策与法规以及推动企业社会责任实践的重要手段。因此，企业必须高度重视采购管理，并不断提升采购管理的专业化和科学化水平。

# 第三节　采购管理的历史演变

采购管理作为一个专业领域，其历史演变经历了多个阶段，每个阶段都反映了当时的经济、技术和市场环境的变化。以下是采购管理的历史演变过程。

## 一、早期阶段(19 世纪中叶至 20 世纪初)

在采购管理的早期阶段，即从 19 世纪中叶至 20 世纪初，采购活动尚未形成专业化的管理体系。这一时期的采购主要集中在原材料的购买上，以满足企业生产的基本需求。采购活动主要由企业内部的某个人或部门负责，通常这一角色并未得到充分的重视和专业化培训。

### 1. 采购活动的特点

(1)简单性

此阶段的采购活动相对简单，主要集中在原材料的采购上，以满足生产的基本需求。采购的品种和数量相对较少，采购流程也较为简单。

(2)非专业化

在这一时期，采购通常不是由专业的采购团队来执行，而是由企业内部的某个人或部门兼任。这些人员可能缺乏采购的专业知识和技能，导致采购效率和效果受到一定限制。

(3)缺乏系统性

早期的采购活动缺乏系统性的管理和规划。采购决策往往基于短期的需求，而缺乏长期的战略考虑。此外，采购流程和供应商管理也相对松散，缺乏统一的标准和规范。

### 2. 采购活动的影响因素

（1）市场供需关系

在早期阶段，采购活动受市场供需关系的影响较大。由于采购方对市场的了解有限，供应商的议价能力相对较强，这可能导致采购成本的不稳定。

（2）企业内部管理

企业内部的管理水平也对采购活动产生影响。在缺乏专业化和系统性的情况下，企业内部的沟通和协调可能不够顺畅，导致采购效率低下或采购成本上升。

### 3. 采购活动的发展趋势

（1）专业化发展

随着企业规模的扩大和市场竞争的加剧，采购活动逐渐受到重视。企业开始意识到采购的专业化对于降低成本、提高效率的重要性，因此逐渐引入专业的采购人员和团队来负责采购工作。

（2）系统化管理

随着管理科学的发展，企业开始尝试对采购活动进行系统化的管理。这包括制订采购计划、建立供应商评价体系、优化采购流程等。通过系统化的管理，企业可以更好地控制采购成本和质量，提高采购效率。

在早期阶段的采购管理中，采购活动相对简单且缺乏专业化和系统性。然而，随着企业的发展和市场竞争的加剧，采购管理逐渐走向专业化和系统化的发展方向。这一转变不仅提高了企业的采购效率和成本控制能力，还为企业带来了更大的竞争优势。

## 二、基础成长期(20 世纪初至第二次世界大战前)

在 20 世纪初至第二次世界大战前的这段时间，随着工业化进程的迅速推进，采购活动经历了显著的变革，逐渐从早期的简单交易行为发展成为一项复杂且专业化的管理活动。这一时期，可以被称为采购管理的基础成长期。

随着生产规模的扩大和产品种类的增多，采购活动开始变得更加复杂。企业不再仅仅关注原材料的购买，而是需要考虑更多因素，如供应商的选择、采购成本的控制、交货期的保证等。这种复杂性推动了采购活动的专业化发展，使得企业开始重视并培养专业的采购人员。为了适应这种复杂性和专业化的需求，企业开始建立专门的采购部门。这些部门不仅负责制订详细的采购计划，确保生产所需物料的及时供应，还负责执行采购任务，包括与供应商的谈判、合同的签订以及后续的跟单和验货等环节。专门采购部门的建立，使得采购活动更加系统、有序，并大大提高了采购效率。这一时期库存管理逐渐成为采购管理的重要组成部分。随着生产节奏的加快，企业开始意识到库存管理对于保障生产连续性和稳定性的重要性。因此，采购部门开始与仓储、生产等部门紧密合作，共同制订库存计划，确保库存量既能满足生产需求，又不会造成过多的资金占用。这种跨部门的协作，进一步提升了采购管理的综合性和战略性。

在基础成长期，采购管理还开始关注成本控制和风险管理。企业意识到采购成本直接影响到产品的成本和利润，因此开始重视采购过程中的价格谈判和成本控制。同时，为了应对供应商的不稳定、市场价格波动等风险，企业也开始在采购策略中加入风险管理元素，如多元化采购渠道、建立稳定的供应商合作关系等。在实践中，这一时期的采购管理也面临着诸多挑战。例如，如何选择合适的供应商、如何确保采购物料的质量和交货期、如何降低采购成本等。为了解决这些问题，企业不断探索和创新采购管理模式和方法，逐渐形成了一套较为完善的采购管理体系。基础成长期是采购管理发展的关键时期。在这一时期，采购活动逐渐从简单走向复杂、从非专业走向专业，为后续的采购管理发展奠定了坚实的基础。同时，这一时期也涌现出了许多具有创新性和前瞻性的采购管理理念和方法，为现代采购管理的发展提供了宝贵的经验和启示。

随着时代的进步和科技的发展，采购管理将继续演变和完善。未来，我们可以预见，数字化、智能化将成为采购管理的重要发展趋势，为企业提供更加高效、精准的采购解决方案。同时，随着全球化和供应链的日益复杂，采购管理将面临更多的挑战和机遇，需要不断创新和适应新的市场环境。

## 三、第二次世界大战时期至 20 世纪 60 年代

在第二次世界大战期间至 20 世纪 60 年代，全球经历了前所未有的动荡与变革。这一时期，由于战争的影响，物资短缺和供应链中断成为常态，这使得采购管理的重要性愈发凸显。企业为了在动荡的环境中生存与发展，不得不重新审视和调整其采购策略，与供应商建立更紧密的合作关系，确保物资的稳定供应。

战争期间，物资的稀缺性使得采购的难度大大增加。企业为了获取必要的生产资料和原材料，开始更加注重与供应商的合作和关系管理。这种合作不仅仅停留在简单的买卖关系上，而是深化为长期的战略伙伴关系。企业通过与供应商建立稳定的合作关系，共同应对物资短缺和供应链中断带来的挑战，从而保障了生产的连续性和稳定性。在这一背景下，准时化（just-in-time，JIT）采购管理模式逐渐兴起。JIT 模式的核心思想是"在需要的时候，按需要的量，提供所需要的产品"。这一模式旨在通过精确的计划和调度，实现原材料、零部件等的准时供应，从而减少库存积压、降低仓储成本，并提高供应链的效率和灵活性。JIT 模式的推广和应用，不仅提高了企业的运营效率，也为企业节约了大量的成本。

随着战争的结束和全球经济的逐步恢复，采购管理也面临着新的挑战和机遇。一方面，随着市场需求的不断增长和竞争的加剧，企业需要不断优化采购策略，以降低采购成本并提高采购效率；另一方面，随着科技的不断进步和全球化的加速推进，企业开始寻求更广阔的市场和更多的供应商选择，以进一步分散风险并增强自身的竞争力。为了满足这些新的需求，企业开始引入更先进的采购技术和方法。例如，电子数据交换（electronic data interchange，EDI）技术的出现，使得企业与供应商之间的信息沟通更加高效和准确。通过 EDI 技术，企业可以实时了解供应商的库存情况、生产计划等信息，从而更好地协调供需关系，确保采购活动的顺

利进行。

　　企业也开始重视采购团队的建设和培训。他们意识到，一个专业、高效的采购团队是企业成功实施采购策略的关键。因此，企业开始投入更多的资源用于采购人员的培训和发展，提高他们的专业素养和谈判能力，以确保企业能够在激烈的市场竞争中脱颖而出。在这一时期，政府对采购活动的监管也逐渐加强。为了维护市场秩序和公平竞争，政府出台了一系列法规和政策来规范企业的采购行为。这些法规和政策不仅保护了供应商的合法权益，也促进了采购市场的健康发展。

　　第二次世界大战时期至 20 世纪 60 年代是采购管理发展的重要阶段。在物资短缺和供应链中断的背景下，企业开始注重与供应商的合作和关系管理，并引入了准时化采购管理模式等先进的采购理念和方法。这些变革不仅提高了企业的采购效率和成本控制能力，也为企业的发展奠定了坚实的基础。同时，政府的监管和法规的出台也推动了采购市场的规范化发展。随着科技的进步和全球化的加速推进，采购管理将继续面临新的挑战和机遇，需要不断创新和适应新的市场环境。

## 四、全球化时代至 20 世纪末

　　在全球化时代至 20 世纪末，随着世界经济一体化的不断推进和供应链管理理念的兴起，采购管理迎来了前所未有的变革。这一时期，采购活动开始跨越国界，涉及到更广泛的供应商和市场，为企业带来了新的机遇和挑战。

　　全球化的加速使得企业开始从全球视角来审视采购活动，而不再局限于某一地区或国家。企业意识到，通过全球采购策略的制定和执行，不仅可以降低成本，还能够获取更优质的资源，从而提升自身的竞争力。因此，越来越多的企业开始将采购的触角伸向世界各地，寻求最佳的供应商和原材料。与此同时，信息技术的发展为采购管理带来了前所未有的便利。电子采购系统、供应商管理系统等先进工具逐渐得到应用，大大提高了采购的效率和准确性。通过这些系统，企业可以实时了解全球供应商的信息和价格动态，进行更精准的采购决策。此外，信息技术还使得企业与供应商之间的沟通更加便捷和高效，有助于建立更紧密的合作关系。在这一时期，企业对于采购人员的专业素养也提出了更高的要求。采购人员不仅需要具备丰富的采购知识和技能，还需要了解国际贸易规则、市场动态以及跨文化沟通的能力。为了适应这种需求，许多企业开始加大对采购人员的培训力度，提升他们的综合素质和业务能力。

随着全球采购的兴起，供应链风险管理也逐渐成为企业关注的焦点。全球供应链中的不确定因素增多，如政治风险、汇率波动、物流延误等，都可能对企业的采购活动造成影响。因此，企业需要建立完善的风险管理机制，对供应链中的各种风险进行识别、评估和控制，确保采购活动的顺利进行。除了上述变革外，这一时期还涌现出了许多创新的采购模式和理念。例如，反向拍卖、集中采购、联合采购等新型采购方式逐渐得到应用，为企业带来了更多的选择和灵活性。这些创新的采购模式不仅有助于降低采购成本，还能够提高采购效率和供应商的服务质量。在全球化时代背景下，跨国企业的采购管理也呈现出新的特点。这些企业需要在全球范围内进行资源配置和采购活动，因此更加注重采购策略的灵活性和可持续性。他们通常会建立全球采购中心或采购团队，负责整合全球供应商资源，确保采购活动的高效运作。

全球化时代至 20 世纪末是采购管理发生深刻变革的时期。随着全球化的加速和信息技术的发展，采购管理开始跨越国界，涉及更广泛的供应商和市场。企业开始注重全球采购策略的制定和执行，以降低成本并获取更优质的资源。同时，创新的采购模式和理念不断涌现，为企业带来了更多的选择和灵活性。然而，全球采购也带来了供应链风险管理等新的挑战，需要企业不断完善风险管理机制并提升采购人员的专业素养。在这一时期，采购管理逐渐从单一的购买行为发展成为企业战略的重要组成部分，为企业的持续发展提供了有力支持。

## 五、21 世纪初至今

进入 21 世纪，随着全球经济的深度融合和市场竞争的日益激烈，采购管理在企业运营中的地位逐渐提升，从原本的战术层面跃升至战略高度，成为构筑企业核心竞争力的关键环节。这一时期，企业对于采购的理解更加深入，开始将其与整体战略紧密结合，以实现更高效的资源配置和更大的市场优势。

在 21 世纪初的这段时间里，企业逐渐认识到与供应商建立长期合作关系的重要性。这种关系的建立，不仅有助于保障供应链的稳定性，还能通过深度合作实现成本优化和技术创新。因此，企业纷纷开始寻求与供应商之间的协同管理，共同应对市场变化，实现共赢和持续发展。这种协同管理模式的推广，极大地提升了整个供应链的响应速度和灵活性。与此同时，随着可持续发展理念的普及，企业在采购过程中越来越注重环境保护和社会责任。绿色采购逐渐成为一种新的趋势，企业开始关注所采购产品或服务的环境影响，优先选择那些环保、节能且符合社会责任标准的供应商。这种转变不仅体现了企业对环境保护的承诺，也有助于提升企业的品牌形象和市场竞争力。

在信息技术的推动下，采购管理的效率和透明度也得到了显著提升。电子采购系统、供应链管理软件等先进工具的广泛应用，使得企业能够实时跟踪和管理采购流程，减少人为干预和暗箱操作的可能性。这不仅提高了采购的公正性和效率，也为企业决策提供了更为准确的数据支持。此外，随着全球化的深入推进，跨国采购成为越来越多企业的选择。企业开始在全球范围内寻找优质供应商，以获取更丰富的资源选择和更具竞争力的价格优势。然而，这也对企业的采购管理能力提出了新的挑战。企业需要建立更加完善的供应商评估体系，确保所选择的供应商不仅价格合理，还能在质量、交货期等方面满足企业的要求。

在人才培养方面，企业也加大了对采购管理专业人才的培养力度。他们希望通过提升采购团队的专业素养和综合能力，来更好地应对市场变化和供应链风险。这些专业人才不仅需要具备扎实的采购知识和技能，还需要了解市场动态、掌握先进的采购技术和工具，以及具备良好的沟通能力和团队协作精神。政府在这一时期也加强了对采购活动的监管力度。为了维护市场秩序和公平竞争环境，政府出台了一系列法规和政策来规范企业的采购行为。这些法规和政策的实施，不仅保护了供应商的合法权益，也推动了采购市场的健康发展。

21世纪初至今是采购管理发生重大变革的时期。采购管理逐渐从战术层面上升到战略层面，成为企业核心竞争力的重要组成部分。企业开始注重与供应商的长期合作关系和供应链协同管理以实现共赢和持续发展，同时绿色采购和社会责任也逐渐成为采购管理的重要考虑因素。这些变革不仅提升了企业的采购效率和市场竞争力，也推动了整个供应链的持续优化和创新发展。展望未来，随着科技的不断进步和全球市场的持续变化，采购管理将继续面临新的挑战和机遇，企业需要不断创新和完善采购管理模式和策略以适应日益复杂多变的全球市场环境。

采购管理的历史演变反映了企业对采购活动重要性认识的不断加深以及市场环境和技术进步的影响。随着时代的发展，采购管理将继续演变和完善，以适应不断变化的市场需求和企业战略。①

---

① 刘建琼. 中国政府采购市场开放现状与趋势[M]. 广州：世界图书出版有限公司：2013：107.

第二章

采购战略与计划

# 第一节　采购战略的制定

在全球化不断推进，市场竞争日趋激烈的商业环境下，采购战略的制定显得愈发关键。一个明确且切实可行的采购战略，能够为企业指明方向，助力企业在波诡云谲的市场中稳固立足，甚至开疆拓土。采购战略不仅关乎成本控制和效率提升，更是增强供应链韧性和灵活性的重要一环。

采购战略是企业整体战略的重要组成部分，它与企业的发展战略、竞争战略等紧密相连。在制定采购战略时，必须充分考虑企业的整体战略目标，确保采购战略能够与之相契合，共同推动企业向前发展。市场环境的变化直接影响到采购策略的调整，而供应商的能力和信誉则直接关系到采购活动的顺利进行。因此，在制定采购战略时，要对市场环境进行深入分析，了解行业动态、竞争对手情况以及政策法规等因素对采购活动的影响。同时，要对供应商进行严格的筛选和评估，确保与优质供应商建立长期稳定的合作关系。确定采购战略的核心内容。这包括但不限于以下几个方面：一是确定采购的目标和原则，明确采购活动要达成的目标以及遵循的基本原则，如成本效益原则、质量至上原则等；二是制定采购的策略和计划，包括选择何种采购方式、如何与供应商进行合作、如何控制采购成本等；三是建立采购的组织和流程，确保采购活动的顺利进行并提高工作效率。在制定采购战略的过程中，还需要充分考虑风险管理和应对措施。采购活动面临着诸多风险，如供应商风险、市场风险、物流风险等。因此，在制定采购战略时，要对这些风险进行全面评估，并制定相应的应对措施，以降低风险对企业的影响。市场环境和企业需求是不断变化的，这就要求采购战略也要随之进行调整和优化。通过定期评估采购战略的实施效果，及时发现问题并进行改进，可以确保采购战略始终与企业的实际需求保持一致。采购战略的制定是一个系统而复杂的过程，需要企业各部门的密切协作和共同努力。只有确保采购战略与企业整体战略的一致性，充分考虑市场环境和供应商情况，明确采购的目标和原则，制定合理的采购策略和计划，并建立完善的采购组织和流程，才能制定出真正符合企业需求的采购战略。同时，通过持续改进和优化来适应不断变化的市场环境和企业需求，也是确保采购战略长期有效的关键所在。

制定一个明确且有效的采购战略对于企业在全球化竞争中的成功至关重要。通过深入理解市场环境、明确采购目标、制定合理的采购策略和计划以及持续改进和优化等措施，企业可以构建出一个强大的采购体系来支持其整体业务目标并实现可持续发展。[①]

## 一、采购战略的定义与重要性

### 1. 采购战略的定义

采购战略，从广义上来说，是企业为实现其整体战略目标，在采购活动方面所做出的一系列长远规划和决策。这些规划和决策不仅涵盖供应商的选择与管理、采购量的科学确定、价格谈判的策略，还包括质量控制体系的建立等多个关键环节。其核心目的在于，确保企业能够以最优的成本、最高的效率稳定地获取生产和运营所需的各类物资和服务。从更具体的操作层面来讲，采购战略涉及对市场动态的敏锐洞察、对供应商能力的全面评估，以及对内部需求的精准把握。通过这些细致入微的工作，采购战略得以成形，并指引企业在复杂多变的市场环境中稳健前行。

### 2. 采购战略的重要性

采购战略在企业运营中占据着举足轻重的地位，其重要性主要体现在以下几个方面。

（1）成本控制

在企业的运营成本中，采购成本往往占据相当大的比例。一个精心策划的采购战略，能够帮助企业更有效地管理这项成本。通过合理的供应商选择、价格谈判以及采购量的科学规划，企业可以在保证质量的前提下，

---

① 鲍宁，玄晶晶. 现代企业采购战略实施研究[J]. 中国物流与采购，2019(20)：61.

实现采购成本的优化，进而提高整体的盈利能力。

（2）供应链稳定性

供应链的稳定性是企业持续运营的重要保障。采购战略在这方面发挥着关键作用。通过与供应商建立长期稳定的合作关系，并确保供应链的可靠性，企业可以减少因供应链中断而带来的风险。这种稳定性不仅有助于企业维持正常的生产节奏，还能在市场竞争中为企业赢得更多的时间和空间。

（3）风险管理

采购过程中潜在的市场风险和供应商风险不容忽视。一个完善的采购战略，必须充分考虑这些风险因素，并制定相应的应对措施。通过多元化的供应商选择、灵活的合同条款以及严格的质量控制体系，企业可以在很大程度上降低这些风险对运营的影响。

（4）竞争优势的获取

在当今竞争激烈的市场环境中，优化的采购战略可以成为企业获取竞争优势的重要手段。通过独特的采购渠道、创新的采购模式或者高效的供应链管理，企业可以在成本控制、产品质量、市场响应速度等方面超越竞争对手，从而赢得更多的市场份额和客户认可。

采购战略不仅是企业采购活动的指南，更是企业实现整体战略目标、提升竞争力的重要工具。在制定和执行采购战略的过程中，企业需要综合考虑市场环境、供应商状况、内部需求以及风险因素等多方面因素，以确保战略的有效性和实用性。同时，随着市场环境的不断变化和企业发展的不同阶段，采购战略也需要进行适时的调整和优化，以适应新的挑战和机遇。

采购战略的制定还需要与企业其他部门进行充分的沟通和协作，确保各部门之间的目标一致和行动协同。只有这样，采购战略才能真正发挥其应有的作用，为企业的长远发展提供有力的支持。在明确了采购战略的定义和重要性后，我们还需要深入探讨如何具体制定和执行这一战略。这包括市场调研、供应商评估与选择、采购计划与执行、质量控制以及风险管理等多个环节。每一个环节都需要细致地规划和严谨地执行，以确保采购战略能够真正落地并发挥出其应有的效果。同时，我们也要认识到，采购战略并不是一成不变的。随着市场环境的变化和企业需求的发展，我们需要不断地对采购战略进行审视和调整。这种动态的管理方式，不仅能够确保采购战略始终与企业的实际需求相匹配，还能帮助企业在不断变化的市场环境中保持敏锐的洞察力和快速的应变能力。因此，在制定和执行采购战略的过程中，我们需要保持开放的心态和灵活的思维，以应对各种可能的挑战和变化。只有这样，我们才能充分发挥出采购战略的价值，为企业的持续发展和成功打下坚实的基础。[①]

## 二、制定采购战略的步骤

制定采购战略是一个系统性、逻辑性的过程，它要求企业综合考虑市场环境、内部需求、采购目标、风险管理等多个方面。

### 1. 分析市场环境和内部需求

在制定采购战略之初，企业需要对外部市场环境和内部需求进行深入的分析。

市场趋势分析是关键的一步。企业需要了解所在行业的最新动态，包括行业发展趋势、竞争对手情况、原材料价格走势等。这些信息对于预测未来市场变化，以及制定相应的采购策略至关重要。例如，如果预测到原材料价格将上涨，企业可能需要提前锁定供应商和价格，以规避成本上升的风险。同时，内部需求分析也不可忽视。企业需要明确各部门对物资和服务的需求，包括需求的种类、数量、质量等。此外，还需要对预期的采购量和预算进行合理的估算。这有助于企业更好地了解自身的采购能力，以及在未来一段时间内可能面临的采购压力。

### 2. 确定采购目标和原则

在分析了市场环境和内部需求后，企业需要明确采购目标和原则。这

---

① 李宏. 企业采购战略的研究和实施[J]. 中国市场，2010(19)：38＋40.

些目标和原则是制定具体采购策略和行动计划的基础。

成本效益原则是企业在采购过程中必须遵循的基本原则之一。企业需要在确保采购物资和服务质量的前提下，尽可能降低成本。这要求企业在采购过程中进行充分的价格谈判，选择合适的供应商，以及优化采购流程和库存管理。

供应商管理原则也是非常重要的。企业需要与供应商建立互信、互惠、互利的合作关系，以确保供应链的稳定性和可靠性。这包括与供应商保持良好的沟通、及时解决合作过程中出现的问题、共同应对市场变化等。

风险管理原则也是企业在制定采购战略时必须考虑的因素。企业需要识别和评估潜在的风险，如供应商风险、市场风险、物流风险等，并制定相应的风险应对策略。这有助于企业在面临突发情况时迅速应对，减少损失。

### 3. 制定采购策略和行动计划

在明确了采购目标和原则后，企业需要制定具体的采购策略和行动计划。这包括供应商选择策略、定价策略、质量控制策略以及交付与库存管理策略等。

供应商选择策略是采购策略的重要组成部分。企业需要根据采购需求和目标，选择合适的供应商。在选择供应商时，企业需要考虑供应商的信誉、产品质量、交货期、价格等多个方面。同时，企业还需要与供应商建立良好的合作关系，确保供应链的稳定性。

定价策略也是采购策略中的关键环节。企业需要与供应商进行充分的价格谈判，达成最有利的采购价格。在谈判过程中，企业需要了解市场行情、掌握供应商的成本结构、合理运用谈判技巧等，以确保自身利益最大化。

质量控制策略对于确保采购物资的质量至关重要。企业需要建立严格的质量检验和控制流程，对采购的物资进行全面的质量检查。同时，企业还需要与供应商共同制定质量标准和质量保证措施，以确保采购物资的质量符合要求。

交付与库存管理策略也是采购策略中不可忽视的一部分。企业需要制定合理的交付计划和库存管理方案，以确保供应链的连续性。这包括确定合理的交货期、制定科学的库存管理方法、建立有效的信息共享机制等。通过这些措施，企业可以更好地协调供应链上的各个环节，提高供应链的响应速度和灵活性。

制定采购战略需要企业综合考虑市场环境、内部需求、采购目标、风险管理等多个方面。通过深入分析市场趋势和内部需求，明确采购目标和原则，并制定具体的采购策略和行动计划，企业可以更好地应对市场变化和挑战，实现采购活动的优化和高效管理。同时，随着市场环境的变化和企业发展的不同阶段，企业需要不断对采购战略进行调整和优化，以适应新的挑战和机遇。

## 三、采购战略与企业整体战略的协调

采购战略作为企业整体战略的重要组成部分，其制定与实施必须与企业整体战略保持高度一致。这种一致性不仅关乎采购活动的效率和效果，更直接影响到企业的长远发展。因此，在制定采购战略时，应深入考虑企业的长远发展目标、市场竞争态势以及资源配置需求等多重因素，以确保采购活动能够成为推动企业整体发展的有力支持。

采购战略需要紧密围绕企业的长远发展目标来构建。企业的长远发展目标通常体现在其愿景和使命中，是指导企业一切经营活动的根本原则。采购战略必须与之相呼应，通过优化供应商选择、成本控制、质量管理等关键环节，为企业的长远发展提供稳定的物资和服务支持。例如，如果企业的长远目标是实现绿色、可持续发展，那么采购战略就应着重考虑环保材料的选择、节能减排等方面，以推动这一目标的实现。

采购战略需要充分考虑市场竞争态势。在激烈的市场竞争中，企业要想脱颖而出，就必须具备独特的竞争优势。采购战略在这方面可以发挥重要作用。通过与供应商建立紧密的合作关系、掌握先进的市场信息和技术动态，企业可以获取到更优质、更创新的物资和服务，从而提升自身的市场竞争力。同时，采购战略还可以通过合理的成本控制和质量保证，进一步提高企业的盈利能力和市场占有率。

资源配置需求也是制定采购战略时必须考虑的重要因素。企业资源的有限性要求采购活动必须在满足需求的同时，实现资源的高效利用。这要求采购战略在制定时，应充分考虑企业的资源状况、生产能力、销售计划等因素，以确保采购活动的合理性和经济性。例如，对于资源紧张的企业来说，采购战略可能更侧重于优化库存管理、提高采购效率等方面，以降低资源消耗和成本支出。

为了实现采购战略与企业整体战略的协调一致，企业需要建立有效的沟通机制和协作流程。这包括加强采购部门与其他部门之间的信息共享和协同工作，确保采购活动能够紧密围绕企业的整体战略来开展。同时，企业还应定期对采购战略进行评估和调整，以适应市场环境的变化和企业发展的需求。此外，企业文化和价值观也对采购战略的制定和实施产生深远影响。一个积极向上、注重创新和协作的企业文化，能够激发员工的归属感和创造力，进而推动采购战略的有效实施。因此，企业在制定和实施采购战略时，应充分考虑其与企业文化和价值观的契合度，以确保战略目标的顺利实现。

采购战略与企业整体战略的协调一致是企业持续发展的关键因素之一。通过紧密围绕企业的长远发展目标、充分考虑市场竞争态势和资源配置需求来制定和实施采购战略，企业可以确保采购活动的高效性和经济性，进而推动整体战略目标的实现。同时，建立有效的沟通机制和协作流程、注重企业文化和价值观的引领作用也是实现这一协调一致的重要保障。①②

---

① 王芳丽. 制定精细化、差异化采购策略和采购方式[J]. 石油石化物资采购，2015(09)：6—7.
② 张相斌，林萍，张冲. 供应链管理——设计、运作与改进[M]. 北京：人民邮电出版社：2015：230.

## 四、结论与展望

在当今快速变化的市场环境中，有效的采购战略不仅是企业成功运营的关键因素，更是推动企业持续发展和提升竞争力的重要基石。通过深思熟虑并精心制定的采购战略，企业能够更好地管理成本、降低风险，并在激烈的市场竞争中占据有利地位。

采购战略在企业运营中的重要性。一个明确的采购战略有助于企业优化资源配置，确保以最低的成本获取高质量的物资和服务。这种成本优化不仅体现在直接的采购价格上，还包括通过有效的供应商管理和库存管理来降低间接成本。同时，一个合理的采购战略还能帮助企业规避潜在的市场风险和供应链风险，确保企业运营的连续性和稳定性。

采购战略的制定需要综合考虑多个方面，包括市场环境、内部需求、供应商情况、技术创新等。市场环境的变化直接影响到采购成本和供应商选择，因此企业必须密切关注市场动态，及时调整采购策略。同时，企业内部的需求也是制定采购战略的重要依据。企业需要明确各部门的需求，以及预期的采购量和预算，从而确保采购活动的针对性和有效性。此外，与供应商建立良好的合作关系，实现互利共赢，也是采购战略中的重要一环。

随着市场环境的不断变化和技术创新的不断进步，企业需要不断调整和优化其采购战略以适应新的挑战和机遇。例如，随着数字化和智能化技术的广泛应用，企业可以利用大数据和人工智能技术来优化采购决策，提高采购效率和准确性。同时，新的供应链管理模式和物流技术的发展也将为企业的采购活动带来更多的可能性。

有效的采购战略将更加注重供应链的可持续性、透明度和灵活性。企业需要与供应商建立更紧密的合作关系，共同应对市场变化和挑战。同时，随着全球化和网络化趋势的不断发展，企业的采购活动也将更加全球化、多元化和个性化。这将要求企业具备更高的市场敏感度和创新能力，以便在激烈的市场竞争中保持领先地位。

　　有效的采购战略是企业成功的重要因素之一，它不仅关系到企业的成本控制和风险管理，还直接影响到企业的竞争力和市场地位。因此，企业必须高度重视采购战略的制定和实施，并根据市场环境和内部需求的变化进行不断地调整和优化。只有这样，企业才能在激烈的市场竞争中立于不败之地，并实现持续、稳定的发展。

# 第二节　采购计划的编制

## 一、采购计划编制的意义

采购计划编制在企业运营中占据着举足轻重的地位。它是企业根据自身的生产经营需求，结合外部市场环境、内部资源状况以及未来发展策略，对采购活动进行系统性规划和前瞻性安排的过程。这一过程不仅确保了企业采购活动的有序进行，而且对于保障生产经营的连续性、优化库存管理、降低采购成本以及提高企业整体经济效益都具有深远的意义。

采购计划的编制有助于企业实现采购活动的有序进行。在生产经营过程中，企业需要根据市场需求、生产计划、销售计划等因素来制定采购计划，以确保所需物资和服务的及时供应。通过提前规划和安排采购活动，企业可以避免因物资短缺或供应不及时而导致的生产中断或销售受阻，从而保持生产经营的稳定性和连续性。

采购计划对于优化库存管理具有重要作用。库存是企业运营中不可或缺的一部分，但过多的库存会占用大量资金，增加仓储和管理成本，甚至可能导致物资的浪费和过期。通过编制采购计划，企业可以更加精确地预测物资需求和供应情况，从而合理安排库存量，避免库存积压和浪费，实现库存管理的最优化。

采购计划的编制还有助于降低采购成本。在采购过程中，企业面临着供应商选择、价格谈判、质量控制等诸多问题。通过制定详细的采购计划，企业可以更加明确自己的需求和目标，从而在采购过程中更加主动地与供应商进行沟通和谈判，争取到更优惠的价格和更优质的服务。同时，采购计划还可以帮助企业合理安排采购时间和数量，避免因急需物资而支付过高的采购价格，从而有效降低采购成本。

采购计划的编制对于提高企业的经济效益具有显著影响。通过有序、高效的采购活动，企业可以确保生产经营的顺利进行，提高产品质量和客户满意度，从而增强市场竞争力。同时，优化库存管理和降低采购成本可以直接反映在企业的财务报表上，提高企业的盈利能力和经济效益。

在编制采购计划时，企业需要综合考虑多个方面的因素。例如，市场供需状况是影响采购计划的重要因素之一。企业需要密切关注市场动态和行业趋势，以便及时调整采购策略来应对市场变化。同时，企业还需要考虑自身的库存情况、资金状况以及生产计划等因素来制定合理的采购计划。这些因素之间相互作用、相互影响，共同构成了采购计划编制的基础。

采购计划编制在企业管理中具有重要意义。它不仅可以确保采购活动的有序进行和生产经营的连续性，还可以优化库存管理、降低采购成本并提高企业经济效益。因此，企业应该高度重视采购计划的编制工作，并根据实际情况进行灵活调整和优化，以实现企业采购活动的最佳效果。

## 二、采购计划编制的依据

采购计划的编制是一个综合性强、涉及面广的工作，它需要依据多方面的信息和数据进行科学制定。以下将详细阐述采购计划编制的主要依据。

### 1. 生产经营计划

企业的生产经营计划是采购计划编制的首要依据。生产经营计划明确了企业在未来一段时间内的生产目标和销售计划，从而决定了对原材料、零部件、辅助材料等物资的需求。根据生产计划的具体内容，采购部门可以准确地预测出所需物资的种类、规格、数量以及需求的时间节点。这种预测为采购计划的编制提供了基础数据，确保采购活动能够与生产需求紧密相连，既不会因采购过量而造成库存积压，也不会因采购不足而影响生产进度。在依据生产经营计划编制采购计划时，还需要考虑到生产的稳定性和灵活性。稳定性要求采购计划能够满足持续生产的需求，而灵活性则要求采购计划能够适应生产计划可能的调整。因此，采购部门需要与生产部门保持紧密的沟通，以便及时调整采购计划，确保生产与采购的高度协同。

**2. 市场供需状况**

市场供需状况是采购计划编制过程中不可忽视的外部因素。市场的动态变化直接影响到物资的价格、质量和供应能力，进而影响到采购计划的制定。企业需要密切关注市场动态，通过多种渠道收集市场信息，包括行业协会、专业咨询机构、网络信息平台等，以获取最新、最准确的市场数据。在了解市场供需状况的基础上，企业需要对所需物资的市场价格、供应能力、质量水平等进行全面分析。这些分析不仅有助于企业在编制采购计划时做出合理的决策，还能帮助企业在采购过程中掌握主动权，与供应商进行有效的谈判和协商，争取到更优惠的采购价格和更优质的售后服务。

**3. 库存情况**

库存情况是采购计划编制的重要参考依据。合理的库存管理不仅可以保证生产的连续性，还可以降低采购成本，提高企业的经济效益。在编制采购计划时，企业需要根据现有库存量、安全库存量以及库存周转率等指标来综合考虑。企业需要对现有库存进行定期盘点，确保库存数据的准确性。同时，根据历史数据和生产计划来设定合理的安全库存量，以防止因市场波动或生产调整而导致的物资短缺。此外，通过优化库存周转率，企业可以加快物资的流转速度，减少库存积压和资金占用，从而提高采购效率和资金利用率。

**4. 资金状况**

资金状况是采购计划能否顺利实施的关键因素。在编制采购计划时，企业必须充分考虑自身的资金实力、现金流状况以及融资能力。这些因素将直接影响到采购计划的规模和执行力度。首先，企业需要对自身的资金实力进行准确评估，以确保采购计划所需资金能够得到保障。其次，通过优化现金流管理，企业可以确保采购款项的及时支付，从而维护良好的供应商关系并保障采购活动的顺利进行。最后，对于资金紧张的企业来说，融资能力的重要性不言而喻。通过与金融机构建立良好的合作关系并积极探索多元化的融资渠道，企业可以为采购计划的实施提供有力的资金支持。

生产经营计划、市场供需状况、库存情况和资金状况共同构成了采购计划编制的主要依据。企业在制定采购计划时需要综合考虑这些因素，以确保采购活动的科学性、合理性和有效性。同时，随着市场环境和企业内部条件的变化，企业还需要及时调整和优化采购计划以适应新的形势和需求。

## 三、采购计划编制的流程

采购计划的编制是一个系统性、逻辑性的过程，涉及需求分析与预测、供应商选择与评估、采购量与采购时间的确定、采购预算的制定以及采购计划的审批与执行等多个环节。以下将详细阐述这一流程。

### 1. 需求分析与预测

需求分析与预测是采购计划编制的起点。企业需要对各部门提交的物资需求进行综合分析，明确所需物资的种类、规格、数量以及需求的时间节点。这一过程要求采购部门与生产、销售、研发等部门保持紧密沟通，确保需求数据的准确性和及时性。在需求预测方面，企业可以采用定量和定性相结合的方法。定量预测主要基于历史数据，通过数学模型对未来需求进行预测；而定性预测则更多地依赖于专家的经验和判断。通过综合两种方法的结果，企业可以得到更为准确的需求预测数据，为后续的采购计划编制提供可靠依据。

### 2. 供应商选择与评估

供应商选择与评估是确保采购物资质量和供应稳定性的关键环节。企业应根据物资需求，从众多供应商中筛选出符合条件的候选供应商，并对其进行全面评估。评估内容涵盖产品质量、价格、交货期、售后服务等多个方面。在供应商选择过程中，企业应遵循公平、公正、公开的原则，确保选择的供应商具备良好的信誉和实力。同时，通过与供应商的深入沟通，了解其生产能力、技术水平和管理体系，以确保其能够满足企业的采购需求。

### 3. 采购量确定与采购时间安排

在确定采购量和采购时间时，企业需要综合考虑需求预测、库存情况以及供应商评估结果。通过精确计算各类物资的采购量，企业可以避免库存积压和浪费，同时确保生产的连续性。此外，采购时间的安排也至关重要。企业应考虑到物资的采购周期、运输时间以及可能的风险因素，合理安排采购时间，确保物资能够及时到达并投入使用。这一过程中，采购部门需要与供应商紧密协作，确保采购计划的顺利实施。

### 4. 采购预算制定

采购预算的制定是控制采购成本的重要环节。企业应根据确定的采购量和采购价格，详细计算出物资采购成本、运输费用、关税及税费等相关费用。这一过程中，采购部门需要与财务部门紧密配合，确保预算的合理性和准确性。通过制定详细的采购预算，企业可以更好地控制采购成本，避免不必要的浪费。同时，预算还可以作为后续采购活动的指导依据，确保采购活动的有序进行。

### 5. 采购计划审批与执行

采购计划编制完成后，应提交给相关部门进行审批。审批过程中，各部门应对采购计划的合理性、可行性和经济性进行评估，确保采购计划符合企业的整体战略和利益。审批通过后，企业应严格按照采购计划执行采购活动。在执行过程中，采购部门需要密切关注市场动态和供应商情况，及时调整采购策略以应对可能的风险和挑战。同时，通过与供应商的紧密合作和有效沟通，确保物资的及时、稳定供应。

采购计划的编制流程涉及需求分析与预测、供应商选择与评估、采购量与采购时间的确定、采购预算的制定以及采购计划的审批与执行等多个环节。企业需要严格按照这一流程进行采购计划的编制和实施，以确保采购活动的有序、高效和稳定。

## 四、采购计划编制中的注意事项

在采购计划的编制过程中，有几个关键的注意事项需要被特别关注，以确保计划的有效性和可行性。这些注意事项包括准确性、灵活性和协调性，它们共同构成了采购计划编制的核心原则。

### 1. 准确性

准确性是采购计划编制的首要原则。一个基于准确数据和信息的采购计划能够确保企业按照实际需求进行采购，避免资源的浪费或短缺。为了实现准确性，采购部门必须与其他相关部门保持紧密的沟通，确保所收集到的需求数据是最新、最准确的。此外，采购部门还需要对市场进行深入的调研，了解物资的价格、质量、供应能力等关键信息，以便在编制采购计划时做出明智的决策。在追求准确性的过程中，采购部门还应注重数据的分析和比对，以及时发现和纠正可能存在的误差。通过定期审查和更新采购计划，企业可以确保其始终基于准确的信息，从而更好地满足生产和运营的需求。

### 2. 灵活性

灵活性是采购计划编制中不可忽视的一个方面。由于市场环境和企业内部条件可能随时发生变化，一个灵活的采购计划能够帮助企业迅速调整策略，以适应新的形势。为了实现灵活性，采购计划应具备一定的弹性和可扩展性。这意味着在制定采购计划时，企业应考虑到未来可能出现的变化，并预留出相应的调整空间。此外，采购部门还应建立快速响应机制，以便在市场或企业内部发生变化时能够及时调整采购策略。这种灵活性不仅有助于企业应对突发事件，还能使其更好地把握市场机遇，提高企业的竞争力和盈利能力。

### 3. 协调性

协调性是采购计划编制中的另一个重要原则。一个协调的采购计划能够确保企业的采购活动与生产、销售等其他环节保持同步，从而提高整体运营的效率。为了实现协调性，采购部门需要与其他相关部门建立紧密的合作关系，共同制定和执行采购计划。在编制采购计划时，采购部门应充分了解生产和销售的需求，确保采购的物资能够及时供应给生产线，并满足销售的需求。同时，采购部门还应与生产、销售等部门定期召开协调会议，共同解决在采购过程中遇到的问题，以确保采购计划的顺利实施。

除了与生产、销售等部门的协调外，采购计划的协调性还体现在与供应商的合作上。企业应选择与信誉良好、实力雄厚的供应商建立长期稳定的合作关系，以确保物资的稳定供应和质量控制。通过与供应商的紧密合作，企业可以更好地协调采购、生产和销售等环节，提高企业的整体运营效率。

在采购计划的编制过程中，企业应注重准确性、灵活性和协调性的平衡。通过确保数据的准确性、建立灵活的调整机制和加强与其他部门及供应商的协调合作，企业可以制定出更加科学、合理的采购计划，为企业的稳定运营和持续发展提供有力保障。同时，这些注意事项也提醒我们在实际工作中要保持严谨的态度和灵活的思维，以应对不断变化的市场环境和企业需求。

通过以上对采购计划编制的全面阐述，可以看出采购计划在企业采购管理中的重要地位。合理的采购计划不仅能够保证企业生产经营的连续性，还能降低采购成本、优化库存管理，从而提高企业的经济效益和市场竞争力。

# 第三节　采购需求分析与预测

## 一、采购需求分析

### 1. 采购需求分析的概念

采购需求分析，作为企业采购管理中的重要环节，主要是对企业生产经营活动中所需物资的全面剖析和评估。这一分析涉及物资的种类、数量、质量以及价格等多个维度，旨在为企业采购决策提供数据支持和理论依据。它不仅是制定采购计划的基石，更是优化采购流程、降低采购成本、提高采购效率的关键所在。通过深入的需求分析，企业能够更清晰地明确自身的采购目标，进而制定出更为精准的采购策略。在进行采购需求分析时，企业需要综合考虑多个方面，包括但不限于生产需求、市场需求、库存状况以及供应商的供货能力等。这一过程的复杂性和重要性不言而喻，它要求分析人员具备敏锐的市场洞察力和严谨的数据分析能力，以确保分析结果的准确性和有效性。

### 2. 采购需求分析的方法

在采购需求分析中，企业可以采用多种方法，以确保分析的全面性和准确性。以下是几种常用的分析方法：

（1）物料清单（BOM）分析法

物料清单（BOM）分析法是一种基于产品结构的分析方法。它通过对产品进行拆解，详细列出构成产品的所有物料及其数量，从而明确所需物料的种类和数量。这种方法特别适用于制造业，可以帮助企业精确地确定生产某个产品所需的所有原材料和零部件，进而确定采购需求。通过 BOM分析，企业可以避免物料缺失或过剩的情况，确保生产的顺利进行。

（2）消耗定额法

消耗定额法是根据企业历史消耗数据和生产计划来推算各类物资的消耗定额，并以此为基础来确定采购需求。这种方法适用于那些物料消耗相对稳定、历史数据可靠的企业。通过对历史消耗数据的分析，企业可以预测未来一段时间内的物资需求量，从而制定出更为合理的采购计划。消耗定额法不仅有助于企业控制成本，还能确保生产的连续性。

（3）市场调研法

市场调研法是通过收集和分析市场动态、供应商情况等信息，了解物资价格、质量等关键要素，为采购需求分析提供依据。市场调研可以帮助企业及时掌握市场动态和供应商信息，为采购决策提供有力支持。在市场调研过程中，企业需要关注市场价格的波动、供应商的竞争态势以及新产品的推出等因素，以便及时调整采购策略。

**3. 采购需求分析的内容**

采购需求分析的内容涵盖了多个方面，以确保企业能够全面、准确地把握采购需求。以下是采购需求分析的主要内容：

（1）物资种类与规格分析

物资种类与规格分析是采购需求分析的基础。企业需要明确所需物资的具体种类、规格以及质量要求。这包括对原材料、零部件、辅助材料等的详细分析，以确保采购的物资能够满足生产的需要。同时，对物资规格和质量要求的明确也有助于企业在采购过程中与供应商进行有效的沟通和协商。

（2）物资采购数量分析

物资采购数量分析是根据企业的生产计划、库存情况以及其他相关因素来确定各类物资的采购数量。这一分析过程需要考虑生产的连续性、库存的周转率以及市场的需求等因素，以确保采购数量的合理性。通过精确计算所需物资的数量，企业可以避免库存积压和资金占用过多的问题，从而提高资金的使用效率。

（3）物资采购价格分析

物资采购价格分析是采购需求分析中的重要环节。企业需要通过市场调研来了解物资价格的走势和波动情况，以此为采购预算的制定提供依据。同时，对物资价格的分析也有助于企业在与供应商谈判时争取到更优惠的价格条件，从而降低采购成本。

（4）物资采购时间分析

物资采购时间分析是根据企业的生产计划和物资的交货期来确定采购的时间节点。这一分析过程需要考虑生产的进度安排、物资的运输时间以及可能的风险因素等，以确保物资能够及时到达并投入使用。通过合理的采购时间安排，企业可以避免因物资短缺而导致的生产中断或延误问题，确保生产的顺利进行。

采购需求分析是企业采购管理中的重要一环。通过综合运用多种分析方法并全面考虑各种相关因素，企业可以制定出更为精准、高效的采购计划，为企业的稳定发展提供有力保障。

## 二、采购需求预测

采购需求预测在企业采购管理中占据着举足轻重的地位。它涉及到对历史数据的深入分析、对市场趋势的敏锐洞察以及对未来采购需求的科学预判。通过精准的采购需求预测，企业能够更好地制定采购计划，优化库存管理，降低不必要的成本支出，并提升整体采购效率。

### 1. 采购需求预测的意义

采购需求预测的核心价值在于其前瞻性和指导性。基于历史数据及市场趋势进行的预测，使企业能够提前洞悉未来一段时间内的采购需求，从而有针对性地做好准备。这种预见性不仅有助于企业规避因市场波动带来的风险，还能确保采购活动的连贯性和稳定性。通过采购需求预测，企业可以更加精准地控制库存，避免库存积压或短缺的情况发生，进而降低库存成本，提高资金周转率。同时，准确的采购需求预测还能助力企业在与供应商的谈判中占据有利地位，为争取更优惠的采购价格和条款提供有力支撑。

**2. 采购需求预测的方法**

在采购需求预测中，企业可根据自身情况和市场环境选择适合的预测方法。以下是几种常用的预测方法：

（1）时间序列分析法

时间序列分析法是一种基于历史采购数据进行统计分析的方法。它通过对过去一段时间内的采购数据进行梳理和分析，找出数据间的内在联系和规律，从而预测未来的采购需求。这种方法适用于那些采购需求受时间因素影响较大的企业，如季节性需求明显的行业。通过时间序列分析，企业可以更加准确地把握采购需求的周期性变化，为采购计划的制定提供科学依据。

（2）因果分析法

因果分析法侧重于分析影响采购需求的内外部因素，并建立因果关系模型进行预测。这种方法要求企业对市场环境、政策法规、技术进步等多方面因素进行深入剖析，以确定它们对采购需求的具体影响。通过建立因果关系模型，企业可以更加直观地了解各因素之间的相互作用，从而更准确地预测未来的采购需求。

（3）专家判断法

专家判断法是一种依赖行业专家或企业内部管理人员经验和知识来进行预测的方法。通过请教相关领域的专家或企业内部具有丰富经验的管理人员，企业可以获取他们对未来采购需求的看法和预测。这种方法在缺乏足够历史数据或市场环境复杂多变的情况下具有一定优势。然而，它也存在主观性较强、预测结果可能因专家个人偏好而异的局限性。

**3. 采购需求预测的步骤**

为确保采购需求预测的准确性和有效性，企业应遵循以下步骤进行操作：

（1）收集历史采购数据和市场信息

这是进行采购需求预测的基础工作。企业需要全面收集过去一段时间内的采购数据，包括采购数量、价格、供应商信息等关键要素。同时，还应密切关注市场动态和政策变化，以便及时调整预测策略。通过对这些数据的整合和分析，企业可以更加清晰地了解采购需求的历史走势和市场环境。

（2）选择合适的预测方法

根据企业的实际情况和市场环境选择合适的预测方法至关重要。不同的预测方法具有各自的优缺点和适用范围，企业需要根据自身需求进行选择。在选择过程中，企业应充分考虑数据的可用性、预测精度要求以及资源投入等因素，以确保所选方法既科学又实用。

（3）进行预测计算和分析

在选定预测方法后，企业需要利用相关软件或工具进行具体的预测计算和分析工作。这一过程中，企业应确保数据的准确性和完整性，避免因数据错误而导致预测结果失真。同时，还应对预测结果进行多次验证和调整，以提高其可靠性。

（4）对预测结果进行评估和调整

完成预测计算后，企业需要对预测结果进行全面评估。这包括与实际采购需求的对比、误差分析以及市场趋势的研判等方面。通过评估，企业可以及时发现预测过程中存在的问题并进行调整，以确保预测结果更加符合实际情况。同时，企业还应根据市场环境的变化不断更新和优化预测模型，以提高其适应性和准确性。

采购需求预测是企业采购管理中的重要环节。通过选择合适的预测方法并遵循科学的预测步骤，企业可以更加准确地把握未来采购需求的变化趋势，为采购计划的制定提供有力支持。

## 三、采购需求分析与预测的实践应用

采购需求分析与预测在企业采购管理中不仅具有理论指导意义，更在实际操作中发挥着举足轻重的作用。通过科学合理地运用这两种方法，企业能够优化采购流程，降低成本，提高效率，从而在激烈的市场竞争中占据有利地位。以下将详细阐述采购需求分析与预测在实践中的具体应用及其带来的积极影响。

### 1. 指导采购计划制定

采购计划是企业进行采购活动的重要依据，而采购需求分析与预测则是制定这一计划的关键前提。通过深入分析企业生产经营活动中所需物资的种类、数量、质量等要素，以及预测未来一段时间内的采购需求变化，企业可以明确采购目标，制定出更为科学合理的采购计划。采购需求分析帮助企业了解当前及未来一段时间内对各类物资的具体需求，包括物资的种类、规格、数量等。而采购需求预测则基于历史数据和市场趋势，对未来采购需求进行科学的预判。结合这两方面的信息，企业可以制定出既满足当前生产需求，又能适应市场变化的采购计划。这不仅确保了企业生产经营的连续性，还有助于降低因市场波动带来的风险。

### 2. 优化库存管理

库存管理是企业采购管理中的重要环节，而准确的采购需求预测对于优化库存管理具有至关重要的作用。通过预测未来一段时间内的采购需求，企业可以合理安排库存量，避免库存积压或短缺现象的发生。

在实际操作中，企业可以根据采购需求预测的结果，提前做好物资储备计划。对于需求量较大的物资，可以适当增加库存量以确保生产的顺利进行；对于需求量较小或市场供应充足的物资，则可以减少库存以降低库存成本。此外，通过实时监测库存情况并与采购需求预测进行对比分析，企业还可以及时调整库存策略以适应市场变化。这不仅能提高库存周转率，还能有效降低库存成本。

### 3. 降低采购成本

采购需求分析不仅关注物资的数量和种类等基本信息，还涉及物资的价格和质量等关键因素。通过深入分析市场行情和供应商情况等信息，企业可以选择性价比更高的物资和供应商来降低采购成本。在采购需求分析过程中，企业会对所需物资的市场价格进行调研和比较。通过了解不同供应商的价格水平、质量保障能力以及服务支持等方面的信息，企业可以筛选出性价比最高的供应商进行合作。这不仅确保了采购物资的质量和性能满足生产需求，还有效降低了采购成本。同时，与优质供应商建立长期稳定的合作关系还有助于企业在采购过程中获得更优惠的价格和更优质的服务支持。

### 4. 提高采购效率

明确的采购需求和准确的预测可以使企业在采购过程中更有针对性地进行谈判、合同签订以及物资验收等工作，从而提高采购效率。

在采购需求明确的情况下，企业可以更加精准地与供应商进行沟通和谈判。这不仅节省了双方的时间和精力成本，还有助于达成更为有利的采购协议。此外，在合同签订和物资验收环节，明确的采购需求也为双方提供了清晰的验收标准和依据。这确保了采购活动的顺利进行并减少了因沟通不畅或需求不明确导致的纠纷和延误现象发生。

采购需求分析与预测在实践应用中发挥着举足轻重的作用。通过科学合理地运用这两种方法并结合企业实际情况进行灵活调整和优化配置资源，企业可以制定出更为科学合理的采购计划、优化库存管理、降低采购成本并提高采购效率，在激烈的市场竞争中保持领先地位并实现可持续发展目标。①

---

① 李荷华，周颐. 企业采购战略实施过程研究[J]. 商场现代化，2008(27)：84－85.

第三章

供应商选择与管理

# 第一节　供应商评价体系的建立

## 一、供应商评价体系的重要性

在全球经济一体化和市场竞争日趋激烈的背景下，企业的成功不再仅仅取决于自身的资源和能力，更在于其与外部合作伙伴，特别是供应商之间的协同和整合。供应商作为供应链的关键组成部分，其表现直接影响到企业的运营效率和最终产品的品质。因此，建立一个科学、全面的供应商评价体系显得尤为重要。

一个完善的供应商评价体系可以帮助企业全面、客观地评估供应商的各方面能力，包括产品质量、交货能力、服务水平、价格竞争力等。通过这些评价，企业能够筛选出那些真正具备优质资源和高效运营能力的供应商，从而确保采购物料的质量、交货期和成本达到最优。这不仅关系到企业日常运营的顺利进行，更影响到企业的长期发展和市场竞争力。

供应商评价体系还有助于降低供应链风险。在全球供应链日益复杂的今天，任何一个环节的失误都可能导致整个供应链的崩溃。通过定期对供应商进行评价和审核，企业可以及时发现潜在的风险点，并采取相应的预防措施。这种前瞻性的风险管理方式，不仅能够减少突发事件对企业运营的影响，还能提升供应链的整体韧性和可靠性。

供应商评价体系也是企业提升整体竞争力的重要手段。通过与优秀供应商的合作，企业可以引入更先进的技术、更严格的质量管理体系和更高效的物流配送方式。这些优势资源的整合，将有助于企业在激烈的市场竞争中脱颖而出，实现持续的创新和发展。

供应商评价体系的重要性不言而喻。它不仅是企业筛选优质供应商、保证采购物料质量、交货期和成本的关键工具，更是降低供应链风险、提升企业整体竞争力的重要保障。因此，企业应该高度重视供应商评价体系的建立和优化工作，确保其在供应链管理中发挥最大的效能。供应商评价体系的建立并不是一蹴而就的过程，而是需要企业在实践中不断探索和完善。只有通过持续的改进和优化，才能确保供应商评价体系始终与企业的战略目标和市场需求保持同步，为企业的长远发展提供有力的支撑。

## 二、供应商评价的基本原则

在建立供应商评价体系时，必须遵循一些基本原则，以确保评价过程的公正性、客观性和有效性。

### 1. 全面性原则

全面性原则要求我们在评价供应商时，必须综合考虑多个方面的因素，以确保评价的全面性和客观性。这些因素包括但不限于产品质量、价格竞争力、交货期的准时性、服务水平的优劣、技术能力的强弱以及创新能力的展现等。

产品质量是评价供应商的首要因素，它直接关系到企业最终产品的品质和客户满意度。价格竞争力则是企业在选择供应商时不可忽视的重要因素，它影响着企业的采购成本和市场竞争力。交货期的准时性对于保证企业生产的连续性和稳定性至关重要。服务水平则体现了供应商在售前、售中和售后服务中的专业性和响应速度。此外，技术能力和创新能力也是评价供应商时需要考虑的重要因素。技术能力反映了供应商在产品研发、生产制造等方面的实力，而创新能力则体现了供应商在应对市场变化、推动产品升级换代等方面的能力。

遵循全面性原则，我们可以对供应商进行全方位的评估，从而选择出最适合企业需求的优质供应商。

### 2. 科学性原则

科学性原则强调评价体系的建立必须基于科学的方法和理论，以确保评价结果的准确性和可靠性。这要求我们在构建评价体系时，要充分利用现有的管理学、运筹学、统计学等科学方法和理论，结合企业的实际情况，制定出合理的评价指标和权重分配。同时，评价体系还应具有一定的灵活性和可操作性，以适应不断变化的市场环境和供应商状况。市场环境是不断变化的，供应商的经营状况、技术水平等也可能随着时间的推移而发生变化。因此，评价体系需要能够根据实际情况进行调整和优化，以确保其始终与企业的战略目标和市场需求保持同步。

遵循科学性原则，我们可以构建出一个既科学又实用的供应商评价体系，为企业的供应商选择和管理提供有力的支持。

### 3. 公正性原则

公正性原则是供应商评价过程中必须严格遵循的原则之一。它要求评价过程必须公开、公平、公正，避免任何形式的主观因素和人为干扰。

为了实现公正性评价，企业应确保评价标准的明确性和透明度，使所有供应商都能清楚地了解评价的依据和要求。同时，评价过程应接受各方的监督，以确保其公正性和公信力。在评价过程中，应严格按照评价标准进行客观评分，避免个人主观意见的插入。此外，企业还应确保所有供应商在同等条件下接受评价，不因任何非业务相关因素对某个供应商进行歧视或偏袒。这不仅有助于维护评价的公正性，还能激发供应商之间的公平竞争，从而推动企业采购管理的持续优化。

全面性原则、科学性原则和公正性原则是供应商评价过程中必须遵循的三大基本原则。这些原则共同构成了供应商评价体系的基础和核心，确保了评价结果的客观性、准确性和公正性。在实际操作中，企业应结合自身的实际情况和需求，灵活运用这些原则来构建和优化供应商评价体系。

## 三、供应商评价体系的主要内容

在构建供应商评价体系时，需要涵盖多个关键方面，以确保对供应商的全面和深入评估。

### 1. 质量评价

质量评价在供应商评价体系中占据核心地位。企业必须对供应商的质量控制体系进行深入的考察，这包括但不限于其质量管理体系的完善性、质量检测手段的先进性和有效性，以及质量改进能力的强弱。通过审核供应商的质量管理文件、实地考察其生产流程和检测设施，以及了解其历史质量绩效，企业可以全面评估供应商的质量保证能力和产品质量的稳定性及可靠性。一个拥有健全质量控制体系和强大质量改进能力的供应商，能够为企业提供更稳定、更可靠的产品，从而降低质量风险，提升客户满意度。

### 2. 价格评价

价格评价是供应商评价中不可忽视的一环。企业在进行价格评价时，应综合考虑多方面因素，包括供应商的报价、物料成本、运输费用、税费等。通过对比分析不同供应商的报价和成本结构，企业可以评估出供应商的报价是否合理、是否具有市场竞争力。同时，企业还应考察供应商的成本控制和降价能力，以判断其是否能够在长期合作中为企业提供持续的成本优势。合理的价格评价不仅有助于企业降低采购成本，还能确保企业在激烈的市场竞争中保持成本优势。

### 3. 交货期评价

交货期评价主要关注供应商的交货准时率和交货周期的稳定性。一个能够准时交货的供应商可以显著降低企业的库存成本和缺货风险，确保企业生产的连续性和稳定性。在评价供应商的交货期时，企业应考察其历史交货记录、生产计划与物流管理的有效性，以及应对突发事件的能力。通过全面的交货期评价，企业可以选择出那些交货准时、周期稳定的供应商，从而保障供应链的高效运转。

### 4. 服务评价

服务评价涉及供应商在售前、售中和售后服务中的表现。一个优秀的供应商不仅应提供高质量的产品，还应提供全方位、高效的服务支持。企业应关注供应商的服务态度、响应速度、问题解决能力等关键指标，以确保采购过程中的顺畅沟通和有效协作。通过定期的服务评价，企业可以及时发现并解决与供应商之间的合作问题，提升采购效率和客户满意度。

## 5. 技术创新评价

在快速变化的市场环境中，供应商的技术创新能力对于企业保持竞争优势至关重要。技术创新评价旨在评估供应商的研发能力、技术更新速度以及与当前市场需求的契合度。企业应关注供应商在新产品开发、生产工艺改进以及技术难题解决等方面的表现。一个具有强大技术创新能力的供应商，能够为企业提供更具竞争力的产品和解决方案，助力企业在市场中脱颖而出。

质量评价、价格评价、交货期评价、服务评价和技术创新评价共同构成了供应商评价体系的主要内容。这些方面相互关联、相互影响，共同决定了供应商的综合实力和合作潜力。企业在选择和管理供应商时，应全面考虑这些因素，以确保选择到最适合的合作伙伴，实现供应链的优化和高效运转。[①]

## 四、供应商评价体系的实施步骤

在实施供应商评价体系时，企业应遵循一套系统且逻辑清晰的步骤，以确保评价过程的严谨性和结果的准确性。

明确评价目标和标准是至关重要的第一步。企业需要根据自身的实际需求和市场环境，制定出具体、可量化的评价目标和标准。这些目标和标准应涵盖质量、价格、交货期、服务以及技术创新等多个方面，以全面反映供应商的综合实力。同时，评价目标和标准的设定也应具有灵活性和可调整性，以便随着市场环境和企业需求的变化进行相应的调整。

收集数据和信息是评价过程中的关键环节。企业应通过多种渠道，如供应商提供的资料、市场调研、行业报告等，广泛收集供应商的相关数据和信息。这些数据和信息应包括供应商的质量记录、价格水平、交货历史、服务表现以及技术创新能力等方面的内容。在收集过程中，要确保数据的真实性和准确性，避免因为信息失真而导致评价结果的偏差。

---

① 侯少杰. 浅析供应商管理之潜在供应商定点审核[J]. 时代汽车，2019(06)：33—34.

在收集到足够的数据和信息后，企业需要进行初步筛选。这一步骤的目的是剔除那些明显不符合企业要求的供应商，从而缩小后续详细评价的范围。初步筛选可以依据一些关键指标进行，如供应商的资质认证、历史业绩、财务状况等。通过初步筛选，企业可以筛选出一批具有潜力的供应商进入下一阶段的评价。

对初步筛选后的供应商进行详细评价是至关重要的。详细评价可以通过多种方式进行，如现场考察、样品检测、问卷调查等。现场考察可以让企业直观地了解供应商的生产环境、管理水平和员工素质；样品检测则可以验证供应商的产品质量和技术实力；问卷调查则可以更深入地了解供应商的服务态度、交货准时率以及技术创新能力等方面的情况。在详细评价过程中，企业应保持客观公正的态度，避免主观偏见对评价结果的影响。

企业需要对评价结果进行深入的分析和比较，以选择最符合企业需求的供应商。在这一步骤中，企业可以利用数据分析工具和方法，对各项评价指标进行量化处理，从而更直观地展现各供应商的优势和劣势。同时，企业还应结合自身的战略目标和市场定位，综合考虑供应商的长期合作潜力。最终，企业应选择那些在各方面表现优秀且与企业发展战略相契合的供应商，并与之建立长期稳定的合作关系。

供应商评价体系的实施步骤包括明确评价目标和标准、收集数据和信息、进行初步筛选、实施详细评价以及结果分析与决策。这些步骤相互衔接、环环相扣，共同构成了供应商评价体系的完整流程。通过遵循这一流程，企业可以更加科学、客观地选择和管理供应商，为企业的持续发展和供应链的优化奠定坚实基础。

通过以上步骤，企业可以建立一个科学、全面、公正的供应商评价体系，为采购管理提供有力支持，进而提升企业的整体竞争力。

# 第二节　供应商的开发与选择

## 一、供应商开发的重要性

在供应链管理中，供应商的开发环节占据着举足轻重的地位。这一环节的成败直接影响着企业整个供应链的稳定性、效率以及最终的市场竞争力。深入理解供应商开发的重要性，有助于企业更加积极主动地投入到这一关键活动中，从而为企业的长远发展奠定坚实基础。

优质的供应商是高质量产品和服务的根本保证。在现代市场竞争激烈的环境下，产品质量是企业生存和发展的基石。通过开发具有专业技能和严格质量管理的供应商，企业可以确保所采购的原材料、零部件或服务达到甚至超越行业标准和客户期望。这种质量保证不仅提升了企业产品的整体品质，还有助于塑造和巩固品牌形象，进而赢得消费者的信任和忠诚。

与优质供应商的合作能够显著降低企业成本。这些供应商通常拥有高效的生产流程和成本控制机制，能够在保证质量的同时提供具有竞争力的价格。此外，稳定的供应商关系还可以减少交易成本和风险，避免因供应链中断而导致的额外费用。通过这些方式，企业能够在激烈的市场竞争中保持成本优势，为持续盈利和市场份额的增长创造有利条件。

开发新的供应商有助于企业提高运营效率。随着市场的不断变化和技术的不断进步，企业需要不断调整和优化自身的供应链结构。通过与具有创新能力和灵活性的供应商建立合作关系，企业可以更快地适应市场变化，引入新的技术和解决方案，从而提升生产效率和响应速度。这种运营效率的提升不仅有助于满足客户需求，还能够为企业创造更多的市场机会。

供应商开发还是企业增强市场竞争力的重要手段。通过与行业内领先的供应商建立战略合作关系，企业可以获取更多的市场信息和资源支持，从而提升自身的创新能力和市场敏锐度。这种合作不仅有助于企业及时把握市场动态和消费者需求变化，还能够推动企业不断改进产品和服务，以满足客户的期望和提升市场竞争力。

供应商开发还是企业实现可持续发展的重要途径。通过与具有环保意识和社会责任感的供应商合作，企业可以推动供应链的绿色化和可持续化发展。这种合作不仅有助于提升企业的环保形象和社会影响力，还能够促进企业内部的创新和变革，为企业的长远发展注入新的活力。

供应商开发在供应链管理中具有不可替代的重要性。通过积极开发新的供应商资源并不断优化供应商结构，企业可以确保产品和服务的质量、降低成本、提高效率、增强市场竞争力以及实现可持续发展。这些成果将共同推动企业在激烈的市场竞争中脱颖而出，实现长期的成功和发展。[①]

## 二、供应商开发的途径

在供应链管理中，有效地开发新的供应商资源是企业保持竞争优势的关键。为了实现这一目标，企业需要探索多种途径来寻找并评估潜在的供应商。

行业展会与交流会为企业提供了一个直接接触并了解潜在供应商的平台。通过参加这些活动，企业可以面对面地与供应商交流，深入了解他们的产品特性、技术实力和服务质量。这种直接的沟通方式不仅有助于企业建立对供应商的初步信任，还能为后续的深入合作奠定坚实基础。在展会上，企业可以通过观察供应商的产品展示、听取他们的技术讲解，甚至进行初步的商务谈判，从而更全面地评估供应商的综合实力和合作潜力。

网络搜索与信息平台是现代企业寻找供应商的高效途径。借助搜索引擎、行业网站以及 B2B 电子商务平台，企业可以迅速获取大量供应商信息，包括产品详情、价格比较、用户评价等。这种方式的优点在于其高效

---

① 柳荣. 采购与供应链管理［M］. 北京：人民邮电出版社：2018：337.

性和便捷性，使企业能够在短时间内筛选出符合自身需求的供应商。同时，网络信息的透明性也有助于企业降低采购风险，提高采购效率。然而，企业在利用网络搜索时，也需要注意信息的真实性和准确性，避免受到虚假信息的误导。

专业机构的推荐也是企业开发供应商的重要途径之一。行业协会、商会等组织通常拥有丰富的行业资源和人脉网络，能够为企业提供专业的供应商推荐服务。这些推荐往往基于机构的深入调研和实地考察，因此具有较高的可信度和参考价值。通过与专业机构的合作，企业可以更快地找到符合自身需求的优质供应商，减少在供应商筛选和评估上的时间和精力投入。此外，专业机构还能为企业提供市场动态、行业趋势等有价值的信息，帮助企业在供应链管理中做出更明智的决策。

行业展会与交流会、网络搜索与信息平台以及专业机构推荐都是企业开发供应商的有效途径。这些途径各具优势，企业可以根据自身的实际需求和资源条件灵活选择。通过综合运用这些途径，企业不仅能够拓宽供应商选择范围，还能提高供应商开发的效率和准确性，从而为企业的供应链管理注入新的活力和竞争力。同时，企业在开发供应商的过程中，也应注重与供应商建立长期稳定的合作关系，共同应对市场挑战，实现双方的共赢发展。

## 三、供应商选择的原则

在供应链管理中，供应商的选择是一项至关重要的任务。为了确保选择到合适的供应商，企业需要遵循一系列原则，以确保采购活动的有效性和高效性。

质量优先原则是供应商选择的首要标准。在市场竞争日益激烈的今天，产品质量是企业生存和发展的基石。因此，在选择供应商时，企业必须将质量放在首位。这意味着企业应优先选择那些能够提供高质量产品和服务的供应商，以确保采购的原材料、零部件或成品符合或超过预期的质量标准。通过严格把控供应商的质量关，企业可以降低生产过程中的质量风险，提高产品的整体品质，从而赢得消费者的信任和市场的认可。

　　成本效益原则也是企业在选择供应商时需要考虑的重要因素。在满足质量要求的前提下，企业应综合考虑采购成本、运输成本、库存成本等多个方面，以选择成本效益最高的供应商。这要求企业对市场进行深入的调研和分析，了解不同供应商的价格水平、成本控制能力以及交货期等因素。通过对比不同供应商的综合成本，企业可以选择出既满足质量要求又具有较高性价比的供应商，从而提高企业的整体盈利能力。

　　交货期稳定原则对于确保企业生产计划的顺利进行至关重要。在选择供应商时，企业应重点考察供应商的交货期稳定性和合同履行能力。一个能够按时交货的供应商可以确保企业的生产计划不受延误，从而避免因供应链中断而导致的生产停滞和额外的成本支出。为了实现这一原则，企业可以与供应商建立长期稳定的合作关系，并通过合同条款来明确交货期限和违约责任，以确保供应商的交货期稳定性。

　　服务支持原则也是企业在选择供应商时不可忽视的一个方面。一个优质的供应商不仅应提供高质量的产品，还应提供良好的售前、售中和售后服务支持。这意味着供应商应能够及时响应企业的需求，解决采购过程中遇到的问题，并提供必要的技术支持和培训服务。通过选择具有良好服务意识的供应商，企业可以确保采购活动的顺利进行，提高供应链的整体效率和灵活性。

　　企业在选择供应商时应遵循质量优先、成本效益、交货期稳定和服务支持四大原则。这些原则不仅有助于企业选择到合适的供应商，还能确保采购活动的有效性和高效性，从而为企业的长期发展奠定坚实基础。在实际操作中，企业应根据自身的实际情况和市场需求来灵活运用这些原则，以实现供应链管理的最优化。

## 四、供应商选择的流程

　　供应商选择的流程是一个严谨且系统的过程，它需要企业按照一定的步骤和方法进行，以确保选择到最合适的供应商。

市场调研与需求分析是供应商选择流程的起点。在这一阶段，企业需要明确自身的采购需求，这包括对所需产品的规格、数量、质量要求等方面的明确界定。同时，企业还需要对市场上的潜在供应商进行深入的调研和分析，了解他们的产品特性、技术水平、服务质量以及市场口碑等方面的信息。这些信息可以通过行业报告、网络搜索、专业展会等多种渠道获取，以便为企业后续的供应商选择提供有力的数据支持。

接下来是初步筛选与评估阶段。在这一阶段，企业需要根据市场调研的结果，初步筛选出几家符合自身需求的潜在供应商。筛选的依据可以包括供应商的产品质量、价格水平、交货能力、服务支持等多个方面。初步筛选出潜在供应商后，企业需要进一步对他们的资质、业绩、信誉等进行深入的评估。这一评估过程可以通过查阅供应商的相关证书、历史交易记录以及客户评价等方式进行，以确保所选择的供应商具备稳定的供货能力和良好的商业道德。

在初步筛选和评估的基础上，企业需要进入现场考察与审核阶段。这一阶段的目标是深入了解供应商的实际运营情况，包括其生产现场的管理水平、质量控制体系的完善程度、交货期的保障能力等。通过现场考察，企业可以更加直观地了解供应商的实力和潜力，为最终的选择提供更为准确的依据。同时，现场考察还可以帮助企业发现供应商可能存在的问题和风险，从而及时采取措施进行防范和应对。

最后是商务谈判与合同签订阶段。在经过前面的筛选、评估和考察后，企业会确定最终的供应商人选。接下来，双方将进入商务谈判环节，就产品价格、交货期、售后服务等关键条款进行深入的讨论和协商。在达成一致意见后，双方将签订正式的采购合同，明确双方的权利和义务。合同的签订不仅标志着供应商选择流程的结束，也为后续的合作奠定了坚实的法律基础。

供应商选择的流程是一个循序渐进的过程，它需要企业综合考虑多个方面的因素，以确保选择到最合适的供应商。在整个流程中，企业需要保持严谨的态度和科学的方法，避免主观臆断和盲目决策。同时，企业还需要与供应商建立良好的沟通机制和合作关系，以实现双方的共赢发展。此外，供应商选择并非一劳永逸的过程。随着市场环境的变化和企业需求的发展，企业可能需要定期对供应商进行重新评估和选择。因此，企业应建立一套完善的供应商管理体系，以便及时跟踪供应商的表现和市场动态，确保供应链的持续稳定和优化。

供应商选择的流程是一个复杂而系统的工程，它需要企业投入足够的精力和资源进行精心地策划和实施。通过遵循科学的流程和方法，企业可以选择到最适合自身需求的供应商，为企业的长期发展提供有力的支持。通过以上流程，企业可以科学、全面地开发和选择合适的供应商，为采购管理提供有力支持。同时，企业还应与供应商建立长期稳定的合作关系，共同应对市场变化和挑战。①

---

① 庞敏，田冬梅，郑博. 浅谈企业对供应商的管理[J]. 黑龙江科技信息，2017(18)：286.

# 第三节 供应商的绩效管理

## 一、供应商绩效管理概述

在现代供应链管理中，供应商绩效管理被视为采购及供应链管理的核心环节。这一管理过程不仅关乎到单一采购活动的效率和质量，更在长远上影响着整个供应链的稳定性和竞争力。因此，通过实施有效的供应商绩效管理，企业可以系统地评价供应商的表现，激励其提升服务质量和效率，进而实现采购成本的优化和供应链整体性能的提升。

在日益激烈的市场竞争中，企业的成功在很大程度上取决于其供应链管理的效率。供应商作为供应链的上游环节，其绩效直接影响到下游企业的生产和运营。因此，通过绩效管理，企业可以及时了解供应商的服务水平、产品质量、交货期等方面的表现，从而做出相应的调整和优化。这不仅有助于降低采购成本，还能确保生产线的稳定供应，进而提升企业的市场竞争力。

供应商绩效管理的实施需要遵循一定的原则。公正性原则是其中之一，即绩效评价应该客观、公正，避免主观偏见和人为操纵。全面性原则要求评价内容涵盖供应商的各个方面，包括质量、价格、交货期、服务等。同时，还要遵循可操作性原则，确保绩效评价方法和指标具有实际可操作性，便于企业实施和管理。最后，动态性原则强调绩效评价应随着市场环境和供应商表现的变化而及时调整，以保持评价的有效性和针对性。

在实施供应商绩效管理时，企业需要采用科学的方法。这包括制定合理的评价指标和体系，明确各项指标的权重和评分标准。例如，可以设立质量合格率、交货准时率、服务响应速度等指标，并根据企业的实际需求和市场环境进行调整。此外，还可以采用定期评价与不定期抽查相结合的方式，以全面了解供应商的实际表现。通过数据分析和对比，企业可以及时发现供应商存在的问题和不足，进而提出改进意见和措施。

除了评价之外，激励也是供应商绩效管理中的重要手段。企业可以通过建立奖惩机制来激励供应商提升绩效。例如，对于表现优秀的供应商可以给予更多的订单机会、价格优惠等奖励；而对于表现不佳的供应商则可以采取减少订单、罚款等措施进行惩罚。这种激励机制能够有效地调动供应商的积极性，促使其不断改进和提升服务水平。

供应商绩效管理在采购及供应链管理中具有举足轻重的地位。通过实施有效的绩效管理，企业可以系统地评价、激励和控制供应商的表现，从而实现采购成本的优化和供应链整体性能的提升。这不仅有助于增强企业的市场竞争力，还能为整个供应链的持续发展和稳定运营提供有力保障。因此，企业应高度重视供应商绩效管理工作，不断完善相关制度和流程，以确保其在实际操作中发挥最大的效用。[1]

## 二、供应商绩效管理的意义

供应商绩效管理作为企业采购与供应链管理的重要环节，其深远的意义不仅体现在单一的成本控制或质量保障上，更在于其对整个供应链稳定性和企业长期竞争力的影响。

成本控制是供应商绩效管理的核心意义之一。在采购过程中，成本是直接影响企业盈利的重要因素。通过对供应商绩效的细致评估与持续管理，企业能够更准确地了解供应商的生产效率、成本控制能力以及服务品质。这种深入了解有助于企业在采购谈判中占据有利地位，从而更有效地控制采购成本，避免不必要的浪费。例如，当供应商在连续几次绩效评估中均表现出高效的成本控制和优异的服务品质时，企业可以在后续合作中给予更多的信任和支持，同时也可能获得更优惠的采购价格。

质量保障是供应商绩效管理的另一关键。产品和服务的质量是企业的

---

① 林滢. 基于供应链视角的现代企业采购管理探析[J]. 营销界，2023(16)：83—85.

生命线，直接关系到客户满意度和企业的市场声誉。通过绩效管理，企业可以明确地向供应商传达对质量的严格要求，激励供应商不断提升产品和服务的质量水平。这种激励机制能够确保企业从供应商处采购到的物品符合或超过预期的质量标准，从而维护企业的品牌形象和客户信任。例如，定期对供应商进行质量绩效评估，并根据评估结果给予相应的奖惩措施，可以有效促使供应商持续改进生产流程、提升产品质量。

供应链稳定性也是供应商绩效管理的重要意义之一。在现代企业中，供应链的稳定性和连续性对保障企业正常运营至关重要。优秀的供应商绩效管理有助于企业与供应商之间建立长期、稳定的合作关系。这种稳定性不仅可以减少供应链中断的风险，还能提高企业对市场变化的应对能力。例如，当市场需求突然增加时，稳定的供应商关系可以确保企业及时获得所需的原材料或零部件，从而维持正常的生产进度。

供应商绩效管理在成本控制、质量保障以及供应链稳定性方面都具有深远的意义。这些意义不仅关乎企业的短期利益，更影响着企业的长期竞争力和市场地位。因此，企业应高度重视供应商绩效管理工作，通过科学、系统的评估和管理方法，与供应商建立稳定、互利的合作关系，共同应对市场挑战，实现双赢的局面。同时，随着市场环境的不断变化和企业需求的发展，供应商绩效管理也需要与时俱进，不断适应新的挑战和需求，以确保其持续为企业创造价值。[①]

## 三、供应商绩效管理的原则

在实施供应商绩效管理时，遵循一定的原则至关重要，以确保评价的公正性、全面性和连续性。

公平性原则。这一原则要求在进行供应商绩效评价时，必须确保评价标准的公开性和透明度。所有供应商都应被一视同仁，采用相同的评价准则和方法进行评估。这样做不仅有助于维护评价的公正性，还能增强供应

---

① 江丽. 供应商管理与评价影响采办管控[J]. 中国招标，2023(12)：165—167.

商对评价结果的信任度。为了实现公平性原则，企业应在评价开始前就明确并公布评价的标准、方法和流程，确保每个供应商都有机会了解和准备。同时，评价过程中应避免主观偏见和歧视，确保每个供应商都能得到公正的评价。

全面性原则。这一原则强调在评价供应商绩效时，必须涵盖多个方面，包括质量、交货期、价格和服务等。这样做可以确保企业全面了解供应商的综合表现，避免单一指标的片面评价。为了贯彻全面性原则，企业应建立一套完善的评价指标体系，涵盖供应商在各个方面的表现。同时，还要根据实际情况调整评价指标的权重，以反映企业对不同方面的重视程度。

连续性原则。供应商绩效管理不是一次性的活动，而是一个持续的过程。这一原则要求企业必须定期进行评价和调整，以便及时发现并解决问题，确保供应商绩效的持续改进。为了实现连续性原则，企业应制定定期评价的计划，明确评价的时间节点和流程。同时，还要建立有效的反馈机制，及时将评价结果反馈给供应商，并督促其进行改进。此外，企业还应根据市场环境和业务需求的变化，适时调整评价指标和方法，以确保评价的时效性和针对性。

公平性原则、全面性原则和连续性原则是供应商绩效管理不可或缺的重要准则。这些原则不仅为评价提供了指导和依据，还确保了评价的公正性、全面性和连续性。通过遵循这些原则，企业可以更加客观、全面地了解供应商的表现，为后续的采购决策提供有力支持。同时，这些原则也有助于企业与供应商之间建立长期、稳定的合作关系，共同推动供应链的优化和发展。

在实际操作中，企业应结合自身的业务需求和市场环境，制定符合这三大原则的供应商绩效管理方案。通过科学、系统的评价和管理方法，企业可以筛选出优秀的供应商，降低采购成本，提高采购效率，从而为企业创造更大的价值。同时，这种管理方式也有助于提升整个供应链的稳定性和竞争力，为企业的长期发展奠定坚实基础。

### 四、供应商绩效管理的方法

在实施供应商绩效管理时，选择合适的方法至关重要。以下将详细阐述三种常用的供应商绩效管理方法：关键绩效指标（KPI）评价法、360度反馈法和平衡计分卡（BSC）。

首先是关键绩效指标（KPI）评价法。KPI评价法是通过建立一套包括质量、交货、价格、服务等关键绩效指标在内的评价体系，对供应商进行综合评价。这种方法的核心在于确定关键绩效指标，这些指标应能全面反映供应商在各个方面的表现。例如，质量指标可以包括产品合格率、退货率等；交货指标可以考察准时交货率、订单周期时间等；价格指标则关注成本节约、价格竞争力等方面；服务指标则涉及响应速度、售后服务质量等。通过定期收集和分析这些关键绩效指标的数据，企业可以客观地评估供应商的表现，及时发现并解决问题，推动供应商持续改进。

其次是360度反馈法。这是一种从多个角度收集对供应商的反馈信息，并进行综合评价的方法。在实际操作中，企业可以从采购方、使用部门、质检部门等多个相关方获取关于供应商的评价和意见。这种方法的优势在于能够全面、客观地了解供应商的表现，避免单一评价来源的主观性和片面性。通过综合各方的反馈信息，企业可以更准确地识别供应商的优势和不足，为后续的改进提供有力支持。

最后是平衡计分卡（BSC）。平衡计分卡是一种将供应商的财务、客户、内部业务流程、学习与成长等四个维度纳入评价体系的全面评估方法。这种方法强调在评价供应商绩效时，要平衡考虑短期和长期目标、财务和非财务指标、内部和外部绩效指标。通过这种方式，企业可以全面地了解供应商的综合实力和发展潜力，为建立长期稳定的合作关系提供决策依据。在实际应用中，企业需要根据自身需求和供应商特点，灵活调整平衡计分卡的各项指标和权重。

关键绩效指标（KPI）评价法、360度反馈法和平衡计分卡（BSC）是三种常用的供应商绩效管理方法。这些方法各有特点，可以单独使用，也可以结合使用，以更全面地评估供应商的表现。在选择和应用这些方法时，企业应充分考虑自身的实际需求和市场环境，确保评价结果的客观性和准确性。同时，值得注意的是，供应商绩效管理不仅是一个评价过程，更是一个持续改进的过程。企业应建立有效的反馈机制，及时将评价结果反馈给供应商，并与其共同制定改进计划。通过这种方式，企业可以促进供应商的不断进步，实现双方共赢的局面。此外，随着市场环境的变化和企业需求的发展，供应商绩效管理的方法和指标也需要适时进行调整和优化，以确保其持续为企业创造价值。此外，在实施供应商绩效管理时，企业还应注重数据的收集和分析工作。准确、及时的数据是评价的基础和依据，也是发现问题和解决问题的关键。因此，企业应建立完善的数据采集、整理和分析体系，确保评价结果的客观性和准确性。同时，企业还可以利用现代信息技术手段，如大数据分析、人工智能等，提高数据处理的效率和准确性，为供应商绩效管理提供更有力的支持。[①]

## 五、绩效改进与激励措施

在供应商绩效管理中，绩效改进与激励措施是不可或缺的重要环节。这些措施旨在通过反馈、沟通和奖惩机制，推动供应商持续提高绩效，同时促进双方的长期合作关系。

为了确保供应商能够及时了解自身的绩效情况，企业应定期与供应商进行沟通，并反馈绩效评价结果。这种反馈不仅应包含定量的绩效评估数据，还应提供定性的分析和改进建议。在沟通过程中，双方应共同讨论改进措施，明确改进的目标和时间表，以及企业可以提供的支持和资源。通过这种方式，企业可以与供应商建立一种合作伙伴关系，共同致力于提高供应链的整体绩效。

根据绩效评价结果，企业应对表现优秀的供应商给予奖励，以表彰其努力和成果。奖励的形式可以多样化，如提供更大的订单份额、签订长期

---

① 林滢. 基于供应链视角的现代企业采购管理探析[J]. 营销界，2023(16)：83−85.

合同、给予价格优惠等。这些奖励不仅能够激励供应商继续保持高水平的服务质量，还能增强其对企业的忠诚度和合作意愿。同时，对于表现不佳的供应商，企业也应采取相应的惩罚措施，如减少订单份额、要求整改甚至终止合作等。这些惩罚措施旨在提醒供应商重视自身的绩效问题，并促使其采取积极的改进措施。

为了推动供应商的持续改进和提高，企业应鼓励并支持供应商进行技术升级和管理改进。这可以通过提供技术支持、培训资源或资金援助等方式实现。例如，企业可以组织供应商参加技术研讨会或培训课程，以帮助其了解最新的行业趋势和技术动态。同时，企业还可以与供应商共同研发新产品或解决方案，以推动双方在技术创新方面的合作。通过这些措施，企业不仅可以帮助供应商提高其整体绩效，还能进一步巩固双方的合作关系，实现共赢发展。

除了上述措施外，企业在实施绩效改进与激励时还应注意以下几点：一是要确保公平性和一致性，对所有供应商采用相同的评价标准和奖惩机制；二是要注重及时性，及时反馈绩效评价结果并采取相应措施；三是要保持灵活性，根据实际情况调整改进和激励策略；四是要强化沟通与协作，与供应商建立互信互助的合作关系。

绩效改进与激励措施在供应商绩效管理中具有举足轻重的作用。通过有效的反馈与沟通、合理的奖惩机制以及支持供应商发展的举措，企业可以推动供应商的持续改进和提高，进而提升整个供应链的稳定性和竞争力。这些措施不仅有助于维护企业与供应商之间的长期合作关系，还能为企业的持续发展奠定坚实基础。

## 六、结合国家重大理论与政策指导供应商绩效管理

在我国，国家重大理论与政策始终是企业发展的风向标。党的十九大和二十大报告中明确提出了创新、协调、绿色、开放、共享的新发展理念，这五大理念不仅是国家发展的指导思想，也为企业管理，特别是供应商绩效管理提供了重要的理论依据和实践指南。

创新发展是引领发展的第一动力。在供应商绩效管理中，我们应积极鼓励供应商进行技术创新，不断提高产品和服务的科技含量。具体来说，可以将供应商的技术创新能力作为绩效评价的重要指标之一，对在技术创新方面表现突出的供应商给予更多的支持和合作机会。同时，我们还可以与供应商共同开展技术研发项目，推动双方在技术领域的深度合作，从而提升整个供应链的创新能力和市场竞争力。

绿色发展是可持续发展的必然要求。在供应商绩效管理中，我们应强调环保和可持续性，要求供应商在生产过程中注重环保，减少污染。为了实现这一目标，我们可以将环保指标纳入供应商绩效评价体系，对在生产过程中积极采取环保措施的供应商给予正面评价。此外，我们还可以与供应商共同探索绿色供应链的建设路径，推动双方在环保方面的协同合作，为社会的可持续发展作出贡献。

协调发展是持续健康发展的内在要求。在供应商绩效管理中，我们应注重与供应商建立长期稳定的合作关系，实现双方的协调发展。具体来说，我们可以通过定期沟通与协商，了解供应商的发展需求和困难，为其提供必要的支持和帮助。同时，我们还应关注供应商的内部管理和员工福利等方面，确保其健康稳定发展。通过这种方式，我们可以与供应商建立更加紧密的合作关系，共同应对市场挑战，实现双赢。

开放发展和共享发展也是供应商绩效管理中不可忽视的理念。开放发展要求我们积极引进国内外优秀的供应商资源，拓展合作领域和方式，提升供应链的国际化水平。共享发展则强调我们要与供应商共享资源、共享成果、共担风险，形成紧密的利益共同体。

结合国家重大理论与政策指导供应商绩效管理具有重要的现实意义和长远价值。通过贯彻创新、协调、绿色、开放、共享的新发展理念，我们可以推动供应商的持续改进和提高，进而提升整个供应链的竞争力和可持续性。在未来的发展中，我们将继续探索和实践这些理念在供应商绩效管理中的应用路径和方法，为企业和供应链的持续健康发展贡献力量。同时，我们还需要注意到，将国家重大理论与政策融入供应商绩效管理是一个长期且持续的过程。这需要企业不断地学习和理解国家政策精神，将其转化为具体的绩效管理指标和措施。同时，企业还需要与供应商保持密切的沟通和合作，共同推动这些理念的落实和实践。只有这样，我们才能真正实现供应商绩效管理的创新与发展，为企业的长远发展奠定坚实的基础。

供应商的绩效管理是现代采购管理中的重要组成部分，它不仅是成本控制和质量保障的重要手段，也是供应链稳定和企业可持续发展的关键因素。通过综合运用各种评价方法，并结合国家重大理论与政策的指导，我们可以更有效地进行供应商的绩效管理，从而推动整个供应链的持续优化和发展。[1]

---

① 王新永，杜新民，王超亮，等. 供应商管理绩效综合评价模型研究[J]. 企业改革与管理，2019(11)：20—21.

第四章

采购方式与策略

# 第一节　招标采购

## 一、招标采购概述

招标采购，作为一种常见的采购方式，其核心概念在于采购方，即招标人，根据自身的需求，明确并公开提出采购的条件和要求。这一方式的特点在于其公开性和竞争性，通过邀请众多投标人参与投标，以寻求最优的采购方案。

在招标采购过程中，采购方会按照既定的程序和标准，对所有投标进行细致的评估和对比。评估的标准通常包括但不限于价格、质量、服务、交货期等关键因素，旨在全面衡量投标人的综合实力和方案的优越性。经过严格的评审后，采购方会一次性地从中选择出最符合自身需求的投标人，并与其签订采购协议，从而完成整个招标采购流程。这一流程的核心原则在于公开、公正和择优。公开性体现在整个招标过程和评审标准的透明化，确保所有投标人都能在同等的信息条件下参与竞争；公正性则要求评审过程必须客观、公平，不受任何外部因素的干扰；而择优则是通过综合评估，选择出最能为采购方带来价值的投标人。

招标采购不仅适用于政府采购、大型工程项目等领域，也逐渐被广泛应用于企业采购中。其优势在于能够通过市场竞争，有效地降低采购成本，提高采购效率，同时也有助于推动供应商之间的良性竞争和创新发展。然而，招标采购也存在一定的局限性和挑战。例如，整个招标过程需要耗费较长时间和精力，对于急需的采购项目可能并不适用；同时，如果评审标准设置不合理或者评审过程存在偏差，也可能导致采购结果的不公正。

在实施招标采购时，采购方需要充分考虑项目的实际情况和需求，制定合理的招标方案和评审标准。同时，也需要加强对整个招标过程的监督和管理，确保其公开、公正、公平地进行。此外，招标采购还需要与其他采购方式相结合，灵活应用。例如，在某些特定情况下，可以采用竞争性谈判、询价等方式进行采购，以满足采购方的多样化需求。

招标采购作为一种重要的采购方式，具有其独特的优势和价值。通过合理利用和完善招标采购制度，可以有效地提高采购效率和质量，推动企业的持续发展。同时，也需要不断总结经验，持续改进和创新招标采购方式和方法，以适应不断变化的市场环境和采购需求。在未来发展中，随着科技的不断进步和市场的日益开放，招标采购将面临更多的机遇和挑战。因此，采购方需要不断提升自身的专业素养和综合能力，以更好地应对各种复杂情况，实现采购目标的最大化。同时，政府和相关机构也应加强监管和引导，为招标采购市场的健康发展提供有力保障。①

## 二、招标采购的类型

招标采购，作为现代采购管理中的重要方式，根据其操作模式和目的的不同，可以分为多种类型。其中，公开招标和邀请招标是两种最为常见的形式，它们各具特点，适用于不同的采购场景和需求。

公开招标，是对所有符合条件的投标者公开进行的招标方式。其特点在于高度的透明性和广泛的竞争性。在公开招标中，采购方会公开发布招标信息，任何符合条件的投标者都可以参与竞标。这种方式的优势在于能够吸引更多的投标者参与，从而增加采购方的选择空间，有助于找到更优质、更合适的供应商。同时，公开招标的透明度也能有效减少腐败和权力寻租的可能性，保证采购的公正性和公平性。因此，公开招标常被用于大型基础设施项目或政府采购等需要高度公开、公正、公平的场合。公开招标也存在一些局限性。由于参与投标的供应商众多，评审过程可能较为复杂和耗时。此外，对于一些专业性强、技术要求高的项目，可能难以吸引到足够数量的合格投标者。

---

① 柳立挺. 强化招标采购管理提升企业经济效益[J]. 中国市场，2023(13)：189－192.

与公开招标相对应的是邀请招标。邀请招标是指采购方只邀请特定的几家企业进行投标的方式。这种方式常用于对投标者有特殊要求或项目较为专业的情况。与公开招标相比，邀请招标的范围更小、更精准，能够确保参与投标的都是具有相关资质和经验的供应商。这不仅可以简化评审过程，提高采购效率，还能在一定程度上降低采购风险。因此，对于一些专业性较强、技术要求较高的项目，或者当采购方对供应商有特定要求时，邀请招标是一个更为合适的选择。但值得注意的是，邀请招标也存在一定的局限性。由于其范围相对较小，可能无法充分激发市场竞争，从而在一定程度上影响采购方的议价能力和选择空间。此外，如果邀请的供应商之间缺乏充分的竞争，也可能导致采购结果的不尽如人意。

公开招标和邀请招标各有利弊，适用于不同的采购场景和需求。在实际操作中，采购方应根据项目的具体情况、采购需求以及市场环境等因素进行综合考虑，选择最合适的招标方式。同时，无论采用哪种招标方式，都应确保整个招标过程的公开、公正、公平和透明性，以维护采购方的利益和供应商的权益。此外，随着科技的不断进步和市场的日益开放，招标采购也面临着新的挑战和机遇。例如，电子化招标、远程评标等新技术的应用为招标采购带来了更多的便利性和效率提升。因此，采购方应不断关注市场动态和技术发展趋势，积极探索和创新招标采购方式和方法以适应新的市场环境需求。

在未来的发展中招标采购将继续发挥其在现代采购管理中的重要作用。通过不断完善制度、提高透明度、加强监管等措施可以进一步推动招标采购市场的健康发展为经济社会的发展做出更大的贡献。同时我们也期待更多的创新和实践能够为招标采购带来更多的可能性和活力。

## 三、招标采购的流程

招标采购的流程是一个结构化、有序的过程，它确保了采购活动的公正、公平和高效。

采购方需要明确自身的采购需求，这包括对所需商品或服务的详细描述，以及数量、质量要求等。基于这些需求，采购方将制定详细的招标文件。这份文件不仅是向潜在投标者传达采购意图和要求的重要工具，也是后续评标、签约等环节的基础。招标文件应包含技术要求、投标格式、评标标准等关键信息，以确保投标者能够准确理解并响应采购方的需求。

为了让更多的潜在投标者了解并参与招标活动，采购方会通过多种渠道发布招标信息，如政府采购网站、行业杂志、新闻媒体等。公告中会明确招标项目的名称、地点、时间以及获取招标文件的途径等重要信息。这一步骤的目的是吸引尽可能多的合格投标者参与，从而增加采购方的选择范围和议价能力。

投标者在规定的时间内，按照招标文件的要求提交投标文件。这些文件通常包括技术方案、商务报价、公司资质证明等内容，旨在全面展示投标者的实力和优势。投标文件的编制要严谨细致，以确保信息的准确性和完整性。

在公开、公平、公正的原则下，采购方会组织开标会议，邀请所有投标者或其代表参加。在会议上，各投标者的文件将被当众拆封并宣读关键信息，以确保整个过程的透明度。随后进入评标阶段，评标委员会将根据招标文件中规定的评标标准对投标文件进行综合评价。这一过程旨在选出最符合采购需求、性价比最高的投标方案。

经过严格的评标程序后，采购方会确定中标者，并发出中标通知书。中标者需要在规定的时间内与采购方签订合同，明确双方的权利和义务。这一步骤标志着招标采购活动的正式结束和采购项目的正式启动。合同的签订应严格遵循相关法律法规和招标文件的要求，以确保双方的利益得到充分保障。

在整个招标采购流程中，采购方需要保持高度的公正性和透明度，确保所有投标者都能得到公平对待。同时，采购方也需要对投标文件进行细致的审查和分析，以选出最合适的供应商。此外，采购方还需要关注市场动态和技术发展趋势，以便及时调整采购策略和评标标准。

招标采购的流程是一个严谨、有序的过程，它要求采购方具备丰富的专业知识和实践经验。通过遵循这一流程，采购方可以有效地降低采购成本、提高采购效率，并确保采购活动的公正性和合法性。同时，也有助于推动供应商之间的良性竞争和创新发展，为整个行业的持续进步奠定基础。

## 四、招标采购的优势与风险

招标采购作为一种广泛采用的采购方式，在带来诸多优势的同时，也伴随着一定的风险。

招标采购能够引入市场竞争，进而降低采购成本。通过公开发布招标信息，吸引众多供应商参与竞标，从而在价格、质量、服务等方面形成有效的市场竞争。这种竞争机制促使供应商提供更具竞争力的报价和更优质的服务，有助于采购方以更低的成本获取所需商品或服务。这一点在大型项目或政府采购中尤为明显，因为更多的供应商参与竞争，往往能带来更大的成本节约。

招标采购提高了采购的透明度，有助于减少腐败现象。整个招标过程都是公开的，从招标文件的发布到评标、中标结果的公示，都受到社会各界的监督。这种透明度不仅保证了采购的公正性，还有效地遏制了暗箱操作和权力寻租等腐败行为。对于政府和企业而言，这有助于提升公信力，维护良好的市场秩序。

招标采购还有利于选择优质的供应商。通过综合评估投标者的技术方案、商务报价、公司资质等因素，采购方可以筛选出综合实力强、信誉良好的供应商。这不仅保证了采购商品或服务的质量，还为后续的合作奠定了坚实的基础。长期来看，与优质供应商建立稳定的合作关系，有助于提升企业的整体竞争力。

招标采购也存在一定的风险。首先，可能存在投标者串标、围标等不正当竞争行为。这些行为破坏了市场的公平竞争原则，导致采购方无法选择到最优的供应商。为了防范这些风险，采购方应加强监管力度，建立完善的投诉举报机制，对违规行为进行严厉打击。其次，评标过程可能受到主观因素的影响。尽管评标标准在招标文件中已明确规定，但在实际操作中，评委的主观判断仍可能对评标结果产生影响。为了减少主观因素的干扰，采购方可以采取措施提高评标的客观性和科学性，如引入量化评分体系、增加评委的专业性和独立性等。最后，公开招标可能泄露商业机密。在招标过程中，投标者需要提交详细的技术方案、商务报价等敏感信息。如果这些信息被泄露给竞争对手或不当使用，将对投标者造成严重的损失。因此，采购方应建立完善的保密机制，确保投标者的信息安全。例如，可以采取加密技术、限制信息访问权限等措施来降低信息泄露的风险。

招标采购在带来诸多优势的同时，也伴随着一定的风险。为了充分发挥招标采购的优势并降低风险，采购方应制定科学合理的招标策略和管理制度，加强监管和保密工作，确保整个招标过程的公正、公平和高效。同时，投标者也应提高自身的竞争力和诚信度，共同维护一个健康、有序的市场环境。[1]

## 五、招标采购的实践与注意事项

招标采购，作为一种重要的采购方式，已广泛应用于各种行业和领域。然而，要确保招标采购的顺利进行并达到预期效果，就必须关注其实践中的关键环节和注意事项。

明确采购需求是进行招标采购的前提和基础。在招标前，采购方必须对自身的需求进行充分的调研和分析。这包括对所需商品或服务的类型、数量、质量、交货期等方面的具体要求。只有明确了这些需求，采购方才能制定出准确、完整的招标文件，从而吸引到合适的投标者参与竞标。为了确保采购需求的准确性和完整性，采购方可以邀请相关部门和专家进行研讨和评估，以获取更全面的信息和建议。

合理设置评标标准也是招标采购中不可忽视的一环。评标标准是评价投标者综合实力和服务质量的重要依据。因此，评标标准的设置必须科学、合理，能够真实反映投标者的实际能力和水平。在设置评标标准时，采购方应综合考虑技术、价格、服务等多个方面，并根据项目的具体情况和采购需求进行权衡和调整。同时，评标标准的表述应清晰明了，避免出

---

① 白雪，王连春，张丽虹.落实降本增效背景下对采购方式的研究与探讨[J].中国商论，2021（08）：133－135.

现歧义或模糊的情况，以确保评标的公正性和准确性。

加强监督与管理是保障招标采购公正性和透明度的重要手段。建立健全的监督机制可以有效地防止腐败和不正当竞争行为的发生。采购方应设立专门的监督机构或指派专人负责对招标过程进行全程跟踪和监督。这包括对招标文件的审核、投标者的资质审查、开标和评标过程的监督以及中标结果的公示等环节。通过加强监督与管理，采购方可以确保招标采购的公开、公平和公正，从而选择到最合适的供应商。

在实践招标采购过程中，还需要注意以下几个方面：

一是要严格遵守相关法律法规和政策规定。招标采购涉及到众多法律法规和政策要求，采购方必须确保自身的行为符合相关规定，避免出现违法违规的情况。

二是要加强与投标者的沟通与协调。在招标过程中，采购方应积极与投标者进行沟通交流，解答其疑问和困惑，确保其能够充分理解招标文件的要求和意图。同时，也要尊重投标者的权益和利益，避免出现不必要的纠纷和矛盾。

三是要注重招标采购的效率和效益。在确保招标采购公正性和透明度的前提下，采购方还应关注其效率和效益。通过优化招标流程、提高评标效率等措施，可以缩短采购周期、降低采购成本，从而为企业创造更大的经济效益。

招标采购的实践与注意事项涉及到多个方面和环节。采购方应明确采购需求、合理设置评标标准、加强监督与管理，并严格遵守相关法律法规和政策规定。同时，还要加强与投标者的沟通与协调，注重招标采购的效率和效益。只有这样，才能确保招标采购的顺利进行并达到预期效果。

招标采购作为一种重要的采购方式，在现代采购管理中具有举足轻重的地位。通过科学合理地运用招标采购策略，企业可以有效地降低采购成本、提高采购效率并保障采购质量。同时，随着市场经济的不断发展和完善，招标采购也将面临更多的挑战和机遇。因此，我们需要不断学习和探索新的招标采购方法和策略以适应市场的变化和需求的发展。

# 第二节 询价采购

## 一、询价采购概述

询价采购，作为一种常见的采购方式，其核心流程在于采购人员向多个潜在的供应商发出询价单，通过收集并比较各个供应商的报价，最终选择价格最优、条件最合适的供应商进行合作。这种方式特别适用于那些货物规格统一、标准明确，且市场上现货充足、价格波动较小的采购项目。

询价采购的优势在于其简洁高效。由于采购的货物规格和标准统一，采购人员可以快速地收集到多个供应商的报价，并进行比较分析。这不仅节省了采购时间，还降低了采购成本。同时，由于现货货源充足，询价采购也能确保采购的及时性和供应的稳定性。然而，询价采购也存在一定的局限性。首先，它主要关注价格因素，可能忽视了其他如质量、服务等重要的采购因素。因此，在使用询价采购方式时，采购人员需要明确产品的质量标准和服务要求，以确保采购到的货物不仅价格合适，而且质量和服务也能满足需求。

在实施询价采购时，采购人员应遵循一定的步骤和原则。首先，要明确采购需求和目标，包括所需货物的规格、数量、质量要求以及交货期等。其次，要广泛收集市场信息，了解潜在供应商的产品价格、质量和服务情况。然后，向选定的潜在供应商发出询价单，并设定合理的报价截止时间。在收到供应商的报价后，采购人员应进行仔细的比较分析，综合考虑价格、质量和服务等因素，选择最优的供应商进行合作。询价采购并不等同于简单的比价采购。虽然价格是选择供应商的重要因素之一，但采购人员还需要考虑其他诸多方面，如供应商的信誉、生产能力、交货期保证等。这些因素对于确保采购项目的顺利进行同样至关重要。此外，询价采购也要求采购人员具备一定的市场敏感度和分析能力。他们需要能够准确判断市场价格的合理性，识别潜在的风险和问题，并及时采取相应的应对措施。同时，采购人员还应与供应商建立良好的沟通渠道，以便在采购过程中及时解决可能出现的问题和纠纷。

询价采购是一种高效且实用的采购方式，特别适用于规格统一、标准明确的货物采购项目。然而，为了确保采购项目的成功实施，采购人员需要综合考虑多种因素，并具备相应的市场分析和问题解决能力。只有这样，他们才能在激烈的市场竞争中为企业选择到最合适的供应商，实现采购效益的最大化。

## 二、询价采购的特点

询价采购作为一种采购方式，具有其独特的特点，这些特点使得询价采购在某些特定情境下成为首选的采购方法。

### 1. 简便快捷

询价采购流程相对简单明了，能够快速获取多个供应商的报价信息。在询价采购中，采购方只需向潜在的供应商发出询价单，询问产品价格和其他相关条件。供应商在收到询价单后，会根据要求提供报价。这一流程避免了烦琐的招投标程序，大大缩短了采购周期。因此，询价采购特别适用于那些对时间要求较高的采购项目，能够快速满足采购方的需求。此外，简便快捷的特点还体现在信息传递的效率上。在询价采购中，采购方和供应商之间的信息传递是直接的，减少了中间环节，从而提高了沟通效率。这种高效的沟通方式有助于采购方及时获取市场信息，做出更为明智的采购决策。

### 2. 成本较低

由于询价采购流程简化，通常能够降低采购成本。首先，询价采购省去了复杂的招投标过程，减少了相关的人力、物力和时间成本。采购方无须投入大量资源准备招标文件、组织评标等工作，从而节省了开支。其次，询价采购有利于采购方在多个供应商之间进行价格比较，从而选择价格更为合理的产品。这种价格竞争机制有助于降低采购成本，提高采购效益。在市场竞争激烈的环境下，供应商为了赢得订单，往往会提供更具竞争力的报价，这也为采购方带来了成本上的优势。

### 3. 灵活性高

询价采购具有很高的灵活性，特别适用于小额、急需或规格统一的物资采购。对于小额采购项目，询价采购可以避免招投标过程中的烦琐程序，提高采购效率。同时，当采购方急需某种物资时，询价采购能够快速响应需求，确保物资的及时供应。此外，在规格统一的物资采购中，询价采购也展现出了其优势。由于产品规格统一，采购方可以更容易地比较不同供应商的报价和服务条件，从而选择最合适的供应商。这种灵活性使得询价采购在应对各种采购需求时都能发挥出其独特的优势。

询价采购以其简便快捷、成本较低和灵活性高的特点在众多采购方式中脱颖而出。然而，在实际应用中，采购方还需根据具体需求和市场环境来判断是否采用询价采购方式，并确保在采购过程中遵循公平、公正的原则，以维护良好的市场秩序和自身利益。

## 三、询价采购的流程

询价采购，作为一种高效、灵活的采购方式，其流程清晰、步骤明确。

### 1. 准备询价文件

询价采购的首要步骤是明确采购需求。这要求采购人员对所需产品的规格、数量、质量要求等有清晰的认识，并根据这些需求制定详细的询价单。询价单是向供应商传达采购意图的重要工具，必须准确无误地反映采购方的需求。在制定询价单时，采购人员还需要考虑市场情况、预算限制等因素，以确保询价单的合理性和可行性。此外，准备询价文件还包括对相关法律法规、技术标准等资料的收集和整理。这些资料将为后续的比价、议价等环节提供重要依据，确保采购过程的合规性和有效性。

### 2. 发出询价邀请

在询价文件准备完毕后，采购方需要向潜在的供应商发出询价邀请。这一步骤的关键是选择合适的供应商，并确保询价邀请的及时性和准确性。采购方可以通过市场调研、行业推荐等方式确定潜在的供应商名单，并通过正式的书面邀请或电子邮件等方式发出询价邀请。询价邀请中应明确报价的截止时间、报价方式等具体要求，以便供应商能够准确、及时地提交报价。同时，采购方还可以要求供应商提供相关的资质证明、产品样本等资料，以便更好地评估其综合实力和产品质量。

### 3. 收集报价

在规定的时间内，采购方需要收集各供应商的报价信息。这一环节要求采购人员保持与供应商的紧密沟通，确保报价信息的及时性和完整性。同时，采购方还需要对收集到的报价信息进行整理和记录，以便后续的比价和议价工作。在收集报价过程中，采购方还应对供应商的报价进行初步审核，剔除那些明显不合理或不符合采购需求的报价，以减轻后续工作的负担。

### 4. 比价与议价

收集到各供应商的报价后，采购方需要进行深入的比价与议价工作。比价是指对不同供应商的报价进行比较分析，以找出价格最为合理的选项。在比价过程中，采购方需要综合考虑产品质量、服务水平、交货期等因素，以确保选购到性价比最高的产品。议价则是在比价的基础上，与供应商进行进一步的谈判和协商，以争取更为优惠的价格和条件。在议价过程中，采购方需要充分发挥自己的谈判技巧和市场洞察力，与供应商进行有理有据的沟通，以达成最有利的采购协议。

### 5. 确定供应商

经过比价与议价环节后，采购方需要根据报价和供应商的综合情况，确定最优供应商。在确定供应商时，采购方应综合考虑价格、质量、服务等多个方面，以确保选购到最符合采购需求的产品。

同时，采购方还需要与确定的供应商签订正式的采购合同，明确双方的权利和义务。合同签订后，采购方应督促供应商按照合同约定的时间和质量要求交付产品，并确保后续的验收、付款等环节顺利进行。

询价采购的流程虽然相对简单，但每个环节都需要采购人员的精心策划和周密安排。只有确保每个环节的准确性和有效性，才能最终实现采购目标，为企业创造更大的价值。

## 四、询价采购的优缺点分析

询价采购作为一种常见的采购方式，在实际应用中展现出了其独特的优点和不可避免的缺点。

### 1. 优点

（1）流程简单

询价采购的流程相对简单明了，不需要像公开招标那样经过烦琐的招标文件准备、公告发布、投标、开标等程序。采购方只需向潜在的供应商发出询价单，收集报价后进行比价和议价，最终确定供应商。这种简化的流程能够大大提高采购效率，减少不必要的时间浪费。

（2）快捷高效

由于流程简化，询价采购通常能够在较短的时间内完成。这对于急需物资的采购来说尤为重要，能够快速满足采购方的需求。同时，高效的采购过程也有助于降低库存成本，提高资金周转率。

（3）成本低廉

询价采购通常能够降低采购成本。一方面，由于流程简化，减少了相关的人力、物力和时间成本；另一方面，在市场竞争激烈的环境下，供应商为了赢得订单，往往会提供具有竞争力的报价，从而降低采购成本。此外，询价采购还可以减少不必要的浪费和腐败现象，进一步节约成本。

（4）灵活性高

询价采购具有很高的灵活性，适用于各种规模和类型的采购项目。无论是小额采购还是大额采购，无论是急需物资还是常规物资，都可以通过询价采购来完成。这种灵活性使得询价采购成为许多企业和组织首选的采购方式之一。

2. **缺点**

(1)可能缺乏全面的供应商评估

在询价采购中,采购方可能更注重价格因素而忽视了对供应商的全面评估。这可能导致采购风险增加,例如供应商的产品质量不达标、交货期延误等问题。为了避免这种情况发生,采购方需要在询价过程中加强对供应商的资质、信誉、生产能力等方面的考察和评估。

(2)对于复杂或高技术含量的产品,询价采购可能难以确保产品质量

对于复杂或高技术含量的产品,仅仅通过比较价格来选择供应商可能无法保证产品质量。这类产品通常需要专业的技术评估和测试来确保其性能和质量符合要求。因此,在询价采购中,采购方需要特别关注产品的技术规格和质量标准,并在必要时引入专业的技术评估机构进行产品质量检测。

询价采购虽然具有诸多优点,但也存在一些不可忽视的缺点。在实际应用中,采购方需要根据具体需求和市场环境来判断是否采用询价采购方式,并在采购过程中加强供应商评估和产品质量控制,以确保采购项目的顺利进行和采购目标的实现。同时,为了充分发挥询价采购的优点并规避其缺点,采购方还可以结合其他采购方式(如竞争性谈判、单一来源采购等)进行灵活运用,以满足多样化的采购需求。

## 五、询价采购的实践建议

询价采购,作为一种高效且灵活的采购方式,已被众多企业广泛采用。然而,要想充分发挥其优势并规避潜在风险,采购人员在实际操作中需遵循一定的实践建议。

明确采购需求是进行询价采购的前提。在询价前,采购人员必须对采购需求进行充分调研和分析。这包括了解所需产品的规格、数量、质量要求以及使用场景等,确保询价文件的准确性和完整性。只有明确了采购需求,才能制定出合理的询价单,从而引导供应商提供符合要求的报价。

　　合理邀请供应商是确保报价多样性和竞争性的关键。在邀请供应商时，采购人员应广泛联系有实力的供应商，并鼓励他们参与报价。这样做不仅可以增加报价的多样性，还能激发供应商之间的竞争，从而有助于采购方获得更优惠的价格和更优质的服务。

　　在选择供应商时，除了价格因素外，还应综合考虑供应商的质量保证能力、交货期、售后服务等因素。价格虽然是选择供应商的重要考量之一，但并非唯一标准。一个优质的供应商不仅能够提供价格合理的产品，还能在质量保证、交货期和售后服务等方面给予采购方有力的支持。因此，采购人员在评估供应商时，应进行全面而深入的了解和分析。

　　加强合同管理是询价采购中不可或缺的一环。在签订合同前，采购人员必须对合同条款进行仔细审查，确保合同内容准确无误地反映了双方的权利和义务。特别是关于产品质量、交货期、付款方式等关键条款，更应进行严格的把关。这样做不仅可以保障采购方的权益，还能避免因合同条款不清或遗漏而引发的后续纠纷。

　　询价采购作为一种简便快捷的采购方式，在现代采购管理中确实具有一定的应用价值。然而，在实际操作中，采购人员也需要注意其可能存在的风险和问题，如供应商资质不符、产品质量不达标等。为了防范这些风险，采购人员可以采取一系列措施，如加强对供应商的资质审核、要求供应商提供产品样品进行测试等。同时，询价采购也需要结合市场环境和企业实际需求进行灵活运用。在当前创新驱动和绿色发展的时代背景下，企业在询价采购过程中可以积极引入这些理念。例如，选择那些具有技术创新能力和环保意识的供应商，从而推动整个供应链的绿色发展和创新升级。这不仅有助于企业实现可持续发展目标，还能提升企业的社会责任感和市场竞争力。

　　对于询价采购过程中的信息保密工作也需要给予足够的重视。由于询价采购涉及多家供应商的报价信息，这些信息往往具有一定的商业价值。因此，采购人员应严格遵守保密规定，确保报价信息不被泄露给无关人员或竞争对手。

　　建立完善的询价采购流程和制度也是保障询价采购顺利进行的关键。通过制定明确的采购流程、审批制度和监督机制等，可以确保询价采购的公开、公平和公正性。同时，这些制度和流程还能为采购人员提供明确的操作指南和决策依据，从而提高询价采购的效率和准确性。

　　询价采购虽然具有诸多优势，但在实际操作中也需要注意多个方面。通过明确采购需求、合理邀请供应商、综合考虑报价与质量、加强合同管理以及结合市场环境和企业实际需求进行灵活运用等措施，可以充分发挥询价采购的优势并规避潜在风险。

# 第三节　竞争性谈判采购

## 一、竞争性谈判采购概述

竞争性谈判采购，作为一种重要的采购方式，在现代采购活动中占据着举足轻重的地位。它主要是指采购方直接与多家供应商就采购事宜进行谈判，通过深入地比较和分析各个供应商的报价、服务质量、技术能力、交货期限等关键条件，最终选择出综合条件最优的供应商进行合作。这种方式不仅体现了市场经济的竞争原则，还赋予了采购方更大的灵活性和自主权，尤其在面对复杂或特殊的采购项目时，其优势更为明显。

在竞争性谈判采购中，采购方通常会根据项目的具体需求和特点，制定出一套详尽的评估标准。这些标准包括但不限于供应商的技术能力、生产规模、质量管理体系、售后服务等。通过这套评估标准，采购方能够更为客观、全面地评价各个供应商的综合实力，从而确保选择出最适合项目需求的供应商。竞争性谈判采购特别适用于那些规格要求难以明确或采购过程中需要更多灵活性的项目。例如，在某些高科技产品的研发和采购过程中，由于技术更新迅速，产品规格和性能要求可能随着研发进程的推进而不断变化。在这种情况下，采用竞争性谈判采购方式，可以使得采购方根据实际需求及时调整采购策略和要求，与供应商进行更为紧密的沟通和协作，共同推动项目的顺利进行。

竞争性谈判采购还具有促进市场竞争、激发供应商创新活力的重要作用。通过与多家供应商进行谈判，采购方可以充分了解市场动态和供应商的技术水平，进而引导供应商之间展开良性竞争，推动整个行业的进步和发展。同时，这种采购方式也有助于培养供应商的创新意识和能力，促使其不断研发新技术、新产品，以满足采购方日益多样化的需求。

然而，竞争性谈判采购也存在一定的挑战和风险。例如，在谈判过程中，采购方需要具备丰富的专业知识和谈判技巧，以确保能够在与供应商的博弈中占据有利地位。同时，由于这种采购方式涉及多家供应商的参与和竞争，因此可能会导致采购周期延长、成本增加等问题。为了应对这些挑战和风险，采购方需要做好充分的准备和规划工作，制定合理的谈判策略和风险控制措施。

在实施竞争性谈判采购时，采购方应首先明确项目的具体需求和目标，以便在谈判过程中有针对性地与供应商进行沟通和协商。同时，采购方还应建立一套完善的供应商评价体系和选择机制，确保能够全面、客观地评估各个供应商的综合实力和竞争优势。此外，采购方还应注重与供应商建立良好的合作关系和沟通机制，以便在项目实施过程中实现信息共享、风险共担和利益共赢。

竞争性谈判采购是一种高效、灵活的采购方式，特别适用于复杂或特殊的采购项目。通过合理地运用和实施，采购方可以在激烈的市场竞争中脱颖而出，选择到最适合项目需求的供应商，为项目的成功实施奠定坚实的基础。同时，这种采购方式也有助于推动整个行业的进步和发展，促进市场经济的繁荣与稳定。然而，采购方在实施过程中也需谨慎应对各种挑战和风险，确保采购活动的顺利进行和采购目标的实现。

## 二、竞争性谈判采购的特点

竞争性谈判采购作为一种独特的采购方式，具有其鲜明的特点，这些特点使得它在某些特定情境下成为采购方的首选方法。

### 1. 灵活性

竞争性谈判采购的最大特点之一就是其高度的灵活性。在传统的采购方式中，采购方通常需要事先制定详细的规格要求和采购计划，然后按照既定的流程进行招标或询价。然而，在实际操作中，往往会出现一些预料之外的情况，导致原定的规格或计划需要调整。这时，如果采用竞争性谈判采购方式，采购方就可以根据实际情况与供应商进行深入的讨论和调整，以满足实际需求。这种灵活性不仅体现在采购细节的调整上，还体现在整个采购过程的安排上。在竞争性谈判中，采购方可以根据谈判的进展和供应商的反馈，灵活调整谈判策略和时间表，以确保谈判的顺利进行。这种灵活性使得竞争性谈判采购在面对复杂多变的采购需求时，能够迅速适应并作出有效应对。

## 2. 适用性广

竞争性谈判采购的另一个显著特点是其广泛的适用性。在许多情况下，采购方可能难以在采购开始前就明确所有的需求和规格。特别是对于那些技术复杂、创新性强或市场需求变化快的项目，详细规格往往难以事先确定。这时，采用竞争性谈判采购方式就显得尤为合适。通过竞争性谈判，采购方可以在与供应商的互动中逐步明确需求和规格，同时也可以根据供应商的反馈和技术能力来调整采购方案。这种采购方式不仅能够帮助采购方更好地满足实际需求，还能够激发供应商的创新能力和技术实力，推动整个采购项目的成功实施。此外，对于一些小型或新兴的供应商来说，他们可能没有足够的资源和经验来参与传统的招标或询价采购。而竞争性谈判采购则为他们提供了一个展示自己技术和创新能力的平台，有助于促进市场竞争和行业发展。

## 3. 高效性

竞争性谈判采购还具有高效性的特点。在传统的采购方式中，采购方需要花费大量的时间和精力来准备招标文件、组织评标、处理投标等烦琐的流程。而在竞争性谈判中，采购方可以直接与供应商进行面对面的沟通和协商，快速达成共识并解决问题。这种高效性不仅体现在采购过程的简化上，还体现在决策效率的提高上。在竞争性谈判中，采购方可以根据供应商的实时反馈和谈判情况，迅速做出决策和调整策略。这种快速的决策机制有助于采购方抓住市场机遇，提高采购效率和效果。同时，高效性也意味着资源的节约。通过减少不必要的烦琐流程和文书工作，竞争性谈判采购可以降低采购成本和时间成本，使得采购方能够更专注于核心业务的发展和创新。

竞争性谈判采购以其灵活性、广泛的适用性和高效性成为了一种重要的采购方式。在实际操作中，采购方应根据项目的具体需求和特点来选择合适的采购方式，以充分发挥竞争性谈判采购的优势并规避潜在风险。同时，为了确保谈判的顺利进行和采购目标的实现，采购方还应做好充分的准备和规划工作，制定合理的谈判策略和风险控制措施。

## 三、竞争性谈判采购的流程

竞争性谈判采购的流程是一个结构化、系统化的过程，旨在确保采购活动的公正性、透明性和效率。

### 1. 准备谈判文件

在竞争性谈判采购的初始阶段，采购方需要明确采购需求，这包括对所采购商品或服务的详细描述、数量、质量要求、交货期等关键信息。这些信息是后续谈判的基础，也是供应商准备提案的依据。制定谈判大纲是这一步骤中的另一重要环节。谈判大纲应涵盖所有需要在谈判中讨论的关键点，包括但不限于价格、质量、交货期、售后服务等。这有助于确保谈判过程中不会遗漏任何重要议题。同时，采购方还需制定评分标准，用于后续对供应商提案的评估。评分标准应明确、具体，且能够全面反映采购方的需求和期望。

### 2. 邀请供应商

在准备工作完成后，采购方需要筛选出符合要求的供应商，并向他们发出谈判邀请。筛选过程应基于供应商的资质、经验、信誉等因素进行，以确保参与谈判的供应商具备满足采购需求的能力。谈判邀请应包含采购需求的详细描述、谈判的时间、地点以及需要供应商准备的材料等信息。这有助于供应商充分了解采购方的期望，从而准备更具针对性的提案。

### 3. 组织谈判

谈判过程中，采购方应按照谈判大纲与供应商逐一进行讨论。谈判的目的是就采购需求达成共识，并解决可能存在的分歧和问题。在谈判过程中，采购方应详细记录谈判内容，包括双方的提议、让步以及达成的共识等。这些记录对于后续的评估和决策具有重要参考价值。

### 4. 评估与比较

谈判结束后，采购方需要根据谈判结果和先前制定的评分标准，对各供应商的方案进行评估和比较。评估应客观、公正，且充分考虑采购方的实际需求。在评估过程中，采购方可以邀请相关部门或专家参与，以确保评估的全面性和准确性。评估结果应形成书面报告，作为选择最优供应商的依据。

### 5. 确定供应商

基于评估结果，采购方需要选择最优供应商并与之签订合同。在选择过程中，采购方应综合考虑供应商的报价、质量、交货期、售后服务等多个方面，以确保所选供应商能够最大程度地满足采购需求。签订合同是确定供应商后的最后一步。合同应明确双方的权利和义务，包括采购的商品或服务、价格、交货期、付款方式、售后服务等关键条款。合同的签订标志着竞争性谈判采购流程的结束，也意味着双方合作关系的正式确立。

竞争性谈判采购的流程是一个严谨、系统的过程，旨在确保采购活动的公正性、透明性和效率。通过这一流程，采购方可以选择到最适合自身需求的供应商，从而为项目的顺利实施奠定坚实基础。

## 四、竞争性谈判采购的优缺点分析

竞争性谈判采购作为一种灵活的采购方式，既具有显著的优势，也存在一些不可避免的缺点。

### 1. 优点

#### (1) 灵活性高

竞争性谈判采购的最大优点之一是其高度的灵活性。这种采购方式能够很好地适应复杂多变的采购需求。在实际操作中，采购方可以根据项目的具体情况和市场的变化，灵活调整采购策略和要求。例如，当市场需求或技术规格发生变化时，采购方可以与供应商重新进行谈判，以确保采购的商品或服务能够满足新的需求。这种灵活性使得竞争性谈判采购在面对不断变化的市场环境时具有更强的适应性。

此外,灵活性还体现在谈判过程中。采购方可以根据供应商的反馈和市场的实际情况,灵活调整谈判策略和预期目标,以达成最有利的采购协议。这种灵活性有助于采购方在谈判中占据主动地位,更好地维护自身利益。

(2)深入了解供应商

通过竞争性谈判采购,采购方可以有机会深入了解供应商的实力和服务水平。在谈判过程中,采购方可以直接与供应商进行面对面的沟通和交流,通过询问和讨论,充分了解供应商的技术能力、生产规模、质量管理体系以及售后服务等方面的情况。这种深入的交流有助于采购方更准确地评估供应商的综合实力,从而选择到更合适的合作伙伴。

同时,通过与供应商的深入沟通,采购方还可以及时发现并解决潜在的问题和风险,确保采购活动的顺利进行。这种优点在传统的招标或询价采购方式中是很难实现的,因为那些方式通常只依赖于书面文件进行交流,而无法进行深入的沟通和了解。

2. **缺点**

(1)谈判过程可能较长

竞争性谈判采购的一个明显缺点是谈判过程可能较长,耗时耗力。由于需要与多家供应商进行多轮的谈判和沟通,这必然会增加采购的时间和成本。特别是在面对复杂或特殊的采购项目时,谈判的难度和复杂性会进一步增加,导致谈判过程更加漫长。

长时间的谈判不仅会影响采购效率,还可能增加不确定性和风险。例如,在谈判过程中,市场情况或供应商的策略可能发生变化,导致采购方需要重新评估和调整采购策略。这种耗时耗力的过程可能会给采购方带来额外的压力和成本。

(2)对采购人员要求较高

竞争性谈判采购对采购人员的谈判技巧和专业知识要求较高。为了在与供应商的谈判中占据有利地位并达成最有利的采购协议,采购人员需要具备丰富的专业知识和出色的谈判技巧。这包括对市场行情的深入了解、对供应商实力的准确评估以及灵活运用各种谈判策略等能力。

然而，具备这些能力的专业人才并不容易找到和培养。如果采购人员缺乏必要的专业知识和谈判技巧，可能会导致采购方在谈判中处于不利地位，无法达成预期的采购目标。此外，即使采购人员具备相应的能力，长时间的谈判和复杂的沟通过程也会对他们的精力和耐力提出较高的要求。

竞争性谈判采购虽然具有高度的灵活性和深入了解供应商的优点，但也存在谈判过程较长和对采购人员要求较高的缺点。在实际应用中，采购方应根据项目的具体需求和自身条件综合考虑是否采用这种方式进行采购，并制定相应的策略和措施以应对可能面临的挑战和风险。

## 五、竞争性谈判采购的实践建议

### 1. 明确采购目标和底线

在开始竞争性谈判之前，采购方必须对自身需求有清晰的认识，并设定明确的采购目标和底线。这包括对所需商品或服务的具体规格、质量要求、数量、预算等方面的明确界定。只有明确了这些目标和底线，采购方才能在谈判过程中有针对性地与供应商进行沟通和协商，确保采购结果符合预期。同时，采购方还应根据项目的实际情况和市场环境，合理设定谈判的底线。这有助于在谈判中把握尺度，避免过度让步导致采购成本过高或采购质量不达标。

### 2. 充分准备

充分的准备是竞争性谈判采购成功的关键。在谈判前，采购方应对市场和供应商进行深入的了解和研究，包括供应商的实力、信誉、产品质量、服务水平等方面。这些信息可以通过市场调查、供应商评价、行业报告等途径获取。基于这些信息，采购方应制定合理的谈判策略和方案。这包括确定谈判的重点和难点、预设可能的让步空间以及应对供应商可能提出的各种问题和挑战的策略。充分的准备可以帮助采购方在谈判中占据主动地位，更好地维护自身利益。

### 3. 注重沟通技巧

在竞争性谈判采购中，沟通技巧的运用至关重要。采购方应善于倾听供应商的意见和建议，准确理解其需求和关切。同时，采购方也要能够清晰、准确地表达自己的观点和立场，以便与供应商达成共识。在谈判过程中，妥协是不可避免的。采购方应学会在坚持自身原则和利益的同时，做出合理的妥协和让步。这有助于促进谈判的顺利进行，并最终达成对双方都有利的采购协议。

### 4. 严格保密

保密性是竞争性谈判采购中的一个重要原则。采购方必须确保谈判过程和结果的保密性，避免将信息泄露给竞争对手或不当利益相关者。这不仅可以保护采购方的商业机密和利益，也有助于维护谈判的公平性和公正性。为了实现严格保密，采购方可以采取一系列措施，如限制谈判参与人员、使用加密通信工具、对谈判文档进行严格管理等。这些措施有助于降低信息泄露的风险，确保竞争性谈判采购的顺利进行。

在当前的市场环境下，竞争性谈判采购还应遵循党的十九大和二十大报告中强调的公平竞争、诚信经营等原则。这些原则不仅是市场经济的基本要求，也是确保采购过程公平、公正和透明的关键。采购方应在实践中贯彻落实这些原则，为供应商创造一个公平竞争的采购环境。同时，随着市场经济的不断发展和完善，竞争性谈判采购将面临更多的机遇和挑战。为了适应市场的变化和需求的发展，采购方需要不断创新和完善采购策略和方法。这包括探索新的供应商评价机制、优化谈判流程和技巧、引入先进的采购技术和管理工具等。通过这些创新和完善措施，采购方可以进一步提高竞争性谈判采购的效率和效果，为企业的持续发展提供有力支持。

竞争性谈判采购作为一种灵活多变的采购方式，在现代采购管理中具有独特的应用价值。通过科学合理的谈判策略和技巧，企业可以有效地降低采购成本、提高采购效率并保障采购质量。然而，在实际操作中也需要注意其可能存在的风险和问题，并采取相应的措施加以防范和解决。

# 第四节　单一来源采购

## 一、单一来源采购概述

单一来源采购，亦被称为独家采购或定向采购，指的是在特定情境下，采购方仅能从唯一指定的供应商处进行采购的特定方式。这种采购模式的应用，通常受限于某些特殊的市场或技术条件。具体来说，当市场上仅有唯一一家供应商能够提供采购方所需的产品或服务时，或者由于特殊技术要求、专利权保护等因素导致其他供应商无法提供满足采购需求的产品或服务时，采购方便会选择采用单一来源采购方式。

从市场供应的角度来看，有些商品或服务由于其特殊性或专有性，可能只有一家供应商具备提供能力。这可能是因为该供应商拥有某种独特的资源、技术或专利，使得其在市场上处于垄断地位。在这种情况下，采购方没有选择余地，只能通过单一来源采购来满足需求。例如，某些特定型号的设备或零部件，可能只有原厂商或其授权的代理商能够提供，此时采购方便会采用单一来源采购方式。

从技术要求的层面分析，某些采购项目可能涉及到高度专业化的技术或独特的规格要求，这使得能够满足这些要求的供应商寥寥无几。在这种情况下，即使市场上存在多家供应商，但由于技术门槛的限制，实际上只有一家供应商能够提供符合采购方技术要求的产品或服务。因此，采购方也会选择采用单一来源采购方式。

专利权保护也是导致采用单一来源采购的一个重要原因。在某些情况下，某些产品或服务可能受到专利法的保护，这意味着其他供应商无法生产或提供与专利产品相同或相似的产品或服务。因此，在这种情况下，采购方只能选择向拥有专利权的供应商进行采购。

虽然单一来源采购在某些特定情况下具有必要性，但它也存在一定的风险。由于缺乏市场竞争，采购方可能面临价格过高、质量难以保证等问题。因此，在实际操作中，采购方应谨慎评估采用单一来源采购的利弊，并在可能的情况下寻求替代方案以降低风险。为了规范单一来源采购行为并保障采购方的利益，各国政府和企业通常都会制定相应的规章制度和操作流程。这些制度旨在确保单一来源采购的透明性、公正性和合理性，防止采购过程中的腐败和不正当竞争行为。同时，采购方也应加强自身内部管理，提高采购人员的专业素质和道德水平，以确保单一来源采购活动的顺利进行并维护企业的利益。

单一来源采购是一种在特定条件下采用的采购方式。它既有其存在的合理性和必要性，也面临着一定的风险和挑战。因此，在实际应用中，采购方应全面考虑各种因素并制定出科学合理的采购策略以确保采购活动的成功进行。同时随着市场环境和技术条件的变化采购方也需要灵活调整采购策略以适应新的形势和需求。

## 二、单一来源采购的适用情形

单一来源采购，作为一种特殊的采购方式，其应用并非随意而为，而是在特定情形下，经过深思熟虑后的选择。

### 1. 独家供应

独家供应是单一来源采购最直接的适用场景。当市场上某种特定的产品或服务仅由一家供应商提供时，采购方别无选择，只能从这家供应商处采购。这种情况通常源于供应商拥有独家技术、专利权或特殊的资源，使得其他竞争者无法进入市场。例如，某些特定的医疗设备、软件或专业服务等，可能只有一家公司拥有相关的技术或资质。在此情形下，采购方需与独家供应商进行协商，以确保供应的稳定性和价格的合理性。

### 2. 紧急采购

在紧急情况下，如自然灾害、突发事件等，采购方可能面临时间紧迫、物资紧缺等挑战。此时，为了快速响应需求，保证救援或恢复工作的顺利进行，采购方可能无法进行正常的招标或询价过程。在这种情况下，单一来源采购成为了一种高效、灵活的选择。通过与已知的可靠供应商直接协商，采购方能够迅速获得所需的物资或服务，从而及时应对紧急情况。

### 3. 连续性采购

在某些情况下，为了保持服务或供应的连续性，采购方可能会选择与原有的供应商继续合作。这种情形通常出现在长期合作的项目中，如基础设施建设、信息系统维护等。在这些项目中，更换供应商可能会导致服务中断、技术衔接问题或额外的成本支出。因此，为了确保项目的顺利进行，采购方可能会选择通过单一来源采购的方式，与原有的供应商续签合同。

### 4. 特殊技术要求

某些高新技术或专业性的产品，由于其独特的技术要求或标准，可能只有少数供应商能够达到。在这种情况下，采购方通常会面临两种选择：一是降低技术要求以吸引更多供应商参与竞争；二是坚持技术要求并选择单一来源采购。显然，前者可能会影响产品或服务的质量和性能，而后者则能确保采购到符合技术要求的高品质产品。因此，在特殊技术要求下，单一来源采购成为了一种合理的选择。然而，尽管单一来源采购在上述情形中具有其合理性和必要性，但采购方仍需谨慎操作。由于缺乏市场竞争，单一来源采购可能带来价格过高、质量风险等问题。因此，在实施单一来源采购时，采购方应进行充分的市场调研和风险评估，确保采购决策的科学性和合理性。

单一来源采购在独家供应、紧急采购、连续性采购以及特殊技术要求等情形下具有广泛的应用价值。然而，其操作应谨慎且基于充分的市场调研和风险评估。通过合理的采购策略和严格的合同管理，采购方能够最大限度地降低风险并确保采购活动的成功进行。

## 三、单一来源采购的流程

### 1. 确定采购需求

这是任何采购活动的起始点。在这一阶段，采购方需要清晰、明确地界定所需产品或服务的具体规格、质量要求、数量以及交付时间等关键要素。这一步骤的重要性不言而喻，因为只有准确的需求定义，才能确保后续采购活动的针对性和有效性。采购需求的确定不仅仅是列出一张购物清单那么简单。它涉及到对市场需求的深入理解、对业务需求的精准把握，以及对未来可能的变化的合理预测。这一过程中，采购方可能需要与多个部门密切协作，确保所提出的需求既符合实际业务需要，又具有一定的前瞻性。

### 2. 单一来源论证

在确定采用单一来源采购方式之前，采购方必须进行充分的市场调研和论证。这一步骤的目的是确认市场上确实不存在其他可替代的合格供应商，或者即使有，但由于特殊的技术要求、时间限制或其他不可抗力因素，使得选择其他供应商变得不可行。单一来源论证的过程需要严谨和细致。采购方需要通过各种渠道收集信息，包括但不限于行业报告、专家咨询、市场调研等。同时，采购方还需要对收集到的信息进行深入的分析和比对，以确保最终得出的结论是客观、公正的。

### 3. 协商与谈判

在确认采用单一来源采购方式后，采购方需要与唯一的供应商进入协商与谈判阶段。这一阶段的核心任务是就产品价格、服务条款、交付时间等关键要素达成一致。

协商与谈判的过程需要技巧和策略。采购方需要充分了解供应商的成本结构、市场定位以及竞争策略，以便在谈判中占据有利地位。同时，采购方还需要展现出诚意和灵活性，以便在双方之间建立起互信和合作的基础。尽管是单一来源采购，但采购方仍然需要保持警惕，防止供应商利用独家供应的地位抬高价格或降低服务质量。因此，在谈判过程中，采购方需要明确自己的底线和期望，并据此制定合理的谈判策略。

### 4. 签订合同

当协商与谈判达成一致后，采购方需要与供应商签订正式的采购合同。这份合同将详细列明双方的权利和义务，包括但不限于产品规格、数量、价格、交付时间、付款方式、质量保证以及违约责任等关键条款。合同的签订是采购活动的最后一道关卡，也是确保双方权益的重要法律文件。因此，在签订合同之前，采购方需要对合同条款进行仔细的审查和修改，确保其完全符合双方的共识和期望。同时，采购方还需要考虑未来可能的变化和风险，以便在合同中预留足够的灵活性和保护措施。

单一来源采购的流程虽然相对简洁，但每一步都需要严谨的操作和深入的思考。从确定采购需求到单一来源论证，再到协商与谈判以及最后的合同签订，每一个环节都考验着采购方的专业素养和谈判技巧。只有严格遵守流程规范，才能在确保采购效率的同时，最大程度地保护采购方的利益。

## 四、单一来源采购的风险与应对措施

在采购管理中，单一来源采购虽然具有其独特的适用性和便利性，但同时也伴随着一系列风险。这些风险主要来源于供应商的唯一性，它可能导致价格、供应和质量等方面的问题。

### 1. 价格风险

在单一来源采购中，由于采购方只能从唯一的供应商处购买，这可能导致供应商在定价上拥有较大的话语权。在缺乏市场竞争的环境下，供应商可能会提高价格，从而增加采购方的成本。这种价格风险从长期来看可能会对采购方的经济效益产生不利影响。

应对措施：

（1）充分的市场调研：在进行单一来源采购前，采购方应进行深入的市场调研，了解类似产品或服务的市场价格范围，以便在与供应商的谈判中有所依据，确保价格的合理性。

（2）长期合作协议：通过与供应商签订长期合作协议，并在协议中约定价格调整机制，可以在一定程度上降低价格波动的风险。

（3）成本分析：对供应商提供的成本结构进行详细分析，确保采购价格的公正性。

## 2. 供应风险

依赖单一供应商意味着一旦该供应商出现生产问题、供应链中断或其他不可抗力因素，采购方的正常运营可能会受到严重影响。这种供应风险是单一来源采购中最为突出的问题之一。

应对措施：

（1）建立应急计划：采购方应制定详细的应急计划，以应对可能出现的供应中断情况。这包括寻找潜在的替代供应商、储备关键物料等。

（2）多元化供应策略：尽管是单一来源采购，但采购方仍应努力寻找其他可能的供应渠道，以备不时之需。

（3）紧密的供应商管理：定期对供应商的生产能力、质量管理体系和供应链稳定性进行评估，确保供应商的持续供货能力。

## 3. 质量风险

在缺乏市场竞争的环境下，供应商可能会放松对产品质量的控制。此外，由于没有其他供应商的比较，采购方可能难以准确评估供应商提供的产品质量。

应对措施：

（1）明确的质量标准：在采购合同中明确详细的质量标准和要求，包括产品规格、性能参数、可靠性指标等。

（2）严格的质量控制流程：建立完善的质量控制流程，对供应商提供的产品进行严格的检验和测试，确保产品质量符合要求。

（3）惩罚条款与激励机制：在合同中设定明确的质量惩罚条款和激励机制，以促使供应商保持高质量的产品供应。例如，可以设定质量不达标的罚款或者质量优秀的奖励。

单一来源采购虽然有其独特的优势，但同时也伴随着一系列风险。通过深入的市场调研、建立应急计划、明确质量标准和实施严格的质量控制流程等措施，采购方可以有效地降低这些风险，确保采购活动的顺利进行。同时，与供应商建立长期稳定的合作关系也是降低风险的重要途径之一。通过这些综合措施的实施，采购方可以在单一来源采购中实现效益最大化并降低潜在风险。

## 五、单一来源采购的实践建议

在采购管理中，单一来源采购因其特殊性和风险性，需要采购方采取更为谨慎和精细的管理策略。

加强市场调研是至关重要的。在确定采用单一来源采购前，采购方必须进行充分的市场调研，以确保市场上确实只有一家供应商能够提供所需的产品或服务。这一步骤的目的是避免因信息不对称或调研不足而导致的采购决策失误。通过深入的市场调研，采购方可以更加准确地了解市场状况，从而为后续的采购活动奠定坚实的基础。

明确合同条款是保障采购方权益的关键。在签订合同时，双方应明确各自的权利和义务，特别是价格、质量、交货期等关键条款。这些条款的明确性将有助于减少后续执行过程中的纠纷和风险。同时，采购方还应在合同中设定合理的违约责任和赔偿机制，以进一步保护自身的利益。

与供应商建立长期稳定的合作关系也是非常重要的。这种合作关系的建立不仅可以降低供应风险，提高采购效率，还有助于双方实现共赢。在长期合作的过程中，采购方和供应商可以共同优化产品设计、改进生产工艺、降低成本，从而提升整个供应链的竞争力。

对于单一来源采购而言，企业更应注重供应链的稳定性和安全性。这意味着企业需要在供应链管理上投入更多的资源和精力，确保在特殊情况下仍能保持正常的生产和供应。例如，企业可以与供应商共同制定应急预案，以应对可能出现的供应中断或其他突发事件。

同时，随着科技的进步和市场竞争的加剧，企业也应积极寻找和开发新的供应商资源。这不仅可以减少对单一供应商的依赖，降低采购风险，还有助于激发市场竞争，推动供应商不断提升产品和服务质量。在开发新供应商的过程中，企业应注重对供应商的资质审核、产品质量评估以及合作意愿等方面的考察。

除了上述建议外，企业还可以考虑通过多元化采购策略来降低单一来源采购的风险。例如，企业可以同时与多个供应商建立合作关系，以便在必要时能够快速切换供应商。此外，企业还可以通过技术创新和自主研发来减少对外部供应商的依赖，提升自身的核心竞争力。

单一来源采购虽然存在诸多风险和挑战，但通过加强市场调研、明确合同条款、建立长期合作关系以及积极开发新供应商等措施，企业可以有效地降低采购风险并提升供应链管理的整体水平。在未来的发展中，随着市场竞争的不断加剧和供应链管理的日益复杂，这些实践建议将为企业提供有力的指导和支持。单一来源采购虽然具有一定的风险和挑战，但在某些特定情况下仍是不可或缺的采购方式。通过科学合理的策略和管理措施，企业可以有效地降低风险并提高采购效率。

第五章

采购合同管理

# 第一节  采购合同的要素与类型

## 一、采购合同的要素

采购合同，作为买卖双方就采购事宜达成的具有法律约束力的文件，其完整性和明确性对于保障双方权益至关重要。一份完整的采购合同，通常应包含以下基本要素：

### 1. 合同双方信息

合同的首要部分就是明确合同双方的基本信息，这包括采购方和供应商的全称、地址、联系方式等。这些信息的准确性对于后续合同执行和可能的法律纠纷解决至关重要。明确双方的身份，有助于确保合同主体的明确性，防止出现因身份不明而导致的法律纠纷。

### 2. 商品或服务描述

合同中必须详细列出所采购商品或服务的具体信息。这包括商品或服务的名称、规格、数量以及质量要求等。这些信息的确定，有助于双方对交易内容形成明确的认知，避免因理解差异而导致的后续问题。例如，对于商品的数量和质量，合同应明确说明是否符合国家标准、行业标准或双方约定的其他标准，以及如何进行检测和验收。

### 3. 价格与支付方式

价格和支付方式是采购合同的核心内容。合同应明确商品或服务的价格、支付方式（如预付款、货到付款、分期付款等）、支付期限等关键信息。这些条款的制定，旨在保障交易双方的经济利益，确保货款的及时支付和收取。同时，对于可能出现的价格波动，合同也可以约定相应的调整机制，以降低双方的风险。

4. **交货与验收条款**

交货与验收是采购过程中的重要环节。合同应详细规定交货的时间、地点、方式，以及验收的标准、方法和期限。这些条款的设定，有助于确保采购过程的顺利进行，避免因交货延误或验收不合格而导致的纠纷。例如，合同可以约定在收到货物后的一定期限内进行验收，并明确验收不合格时的处理方式。

5. **违约责任与争议解决**

为了应对可能出现的违约情况，合同中应明确双方违约时应承担的责任和赔偿方式。这包括违约金的数额、赔偿范围以及计算方式等。同时，合同还应约定争议的解决途径，如协商、仲裁或诉讼等。这些条款的制定，旨在为可能发生的纠纷提供明确的解决依据，降低双方的法律风险。

6. **保密与知识产权条款（如适用）**

对于涉及商业秘密或知识产权的交易，采购合同中应包含相应的保密义务和知识产权归属条款。这些条款旨在保护双方的商业机密和知识产权，防止信息泄露和侵权行为的发生。例如，合同可以约定在合作期间及合作结束后的一定期限内，双方应互相承担保密义务，并明确知识产权的归属和使用方式。

7. **其他附加条款**

除了上述基本要素外，根据采购活动的特殊情况，采购合同还可能包括一些附加条款。这些条款可能涉及质量保证、售后服务、退货政策等方面。例如，对于需要长期使用的设备或产品，合同可以约定相应的质量保证期限和售后服务内容；对于可能出现的产品质量问题或不符合要求的情况，合同也可以约定退货或换货的政策。

一份完整的采购合同应包含合同双方信息、商品或服务描述、价格与支付方式、交货与验收条款、违约责任与争议解决、保密与知识产权条款以及其他附加条款等要素。这些要素的明确和完整，对于保障采购活动的顺利进行、维护双方的合法权益以及降低法律风险具有重要意义。

## 二、采购合同的类型

在采购活动中，合同类型的选择至关重要，它直接关系到采购双方的权利与义务，风险与收益的分配。根据采购活动的不同特点和需求，采购合同可以分为多种类型。

### 1. 固定价格合同

固定价格合同，顾名思义，是指在合同中双方约定一个明确且固定的价格。这种合同类型下，无论供应商的实际成本如何变化，其都需要按照约定的固定价格向采购方提供商品或服务。固定价格合同的优势在于为采购方提供了明确的预算和成本控制，同时也为供应商提供了稳定的价格预期。然而，这种合同类型也可能导致供应商在面临成本上升时承受较大的经济压力。

### 2. 成本加酬金合同

成本加酬金合同则是一种更为灵活的合同类型。在这种合同下，供应商按照实际发生的成本加上一定比例的酬金进行结算。这种类型的合同适用于那些成本难以预先确定的项目，如研发、定制产品等。它允许供应商在成本变化时得到相应的补偿，从而降低了其经济风险。然而，这种合同类型也可能导致采购方对成本的控制力减弱，因此需要双方在合同中明确成本核算和酬金计算的具体方法。

### 3. 单价合同

单价合同是指双方在合同中约定单位商品或服务的价格，最终结算则根据实际提供的数量来计算总价。这种合同类型适用于那些数量不确定但单价相对稳定的商品或服务。单价合同的优势在于其灵活性，能够根据实际需求调整采购数量。然而，这种合同也可能导致总价的不确定性，因此需要双方在合同中明确单价和数量的确定方法以及可能的调整机制。

### 4. 时间与材料合同

时间与材料合同主要适用于服务性质的工作。在这种合同下，结算主要基于供应商投入的时间和材料成本。这种类型的合同能够根据实际工作量和材料消耗进行灵活调整，但同时也可能导致成本的不确定性。为了避免潜在的纠纷，双方在合同中应明确时间和材料的计价标准以及可能的变更流程。

### 5. 绩效合同

绩效合同则是一种更为注重结果的合同类型。在这种合同中，双方明确规定了供应商应达到的性能标准或成果，而结算则通常与这些标准的达成情况挂钩。绩效合同能够激励供应商提供更好的产品和服务以满足约定的性能指标。然而，这种合同类型也需要双方在合同中明确性能标准的定义、衡量方法和奖惩机制等关键要素。

不同类型的采购合同各有其优缺点和适用场景。采购方在选择合同类型时应充分考虑采购活动的具体需求和风险评估结果以确保合同的合理性和有效性。同时随着市场环境的变化和法律法规的更新采购合同的具体内容和形式也可能需要不断调整和完善以适应新的环境和要求。

在党的十九大和二十大报告中都强调了合同管理特别是公共采购和国有资产管理领域合同管理的重要性。这不仅关系到采购活动的顺利进行还直接影响到国有资产的保值增值以及社会公共利益的维护。因此在采购合同管理中应严格遵守相关法律法规确保合同的合法性和有效性同时加强合同履行过程中的监督和管理以维护采购双方的合法权益。具体来说采购方应建立完善的合同管理制度和流程明确各环节的责任和义务确保合同的签订、履行、变更和终止都符合法律法规的要求。同时采购方还应加强对供应商的监督和管理确保其按照合同约定提供优质的商品或服务。通过这些措施我们可以有效地降低采购风险提高采购效率和质量为组织的持续发展提供有力的保障。①

---

① 余程洋，唐果. 采购合同管理可视化实现与探索[J]. 铁路采购与物流，2022，17(03)：44—46.

# 第二节　采购合同的签订与执行

## 一、采购合同的签订

采购合同的签订，不仅是买卖双方就采购事宜达成一致的法律行为，更是通过书面形式，将双方的权利和义务明确下来的重要环节。在签订采购合同时，有几个关键方面需要特别注意。

对合同主体的审查至关重要。这意味着需要确认供应商的资质、经营许可和信誉情况，以确保其具备履行合同的实际能力。这一步骤不容忽视，因为它直接关系到合同履行的可靠性和后续合作的顺利性。通过查阅供应商的营业执照、相关资质证书以及过去的合作案例，可以对供应商的综合实力做出更为准确的评估。

合同条款的明确性也是签订合同时需要重点关注的方面。一份好的采购合同应该详细列明采购商品或服务的具体规格、数量、质量要求、价格条款、交货方式、付款方式等关键信息。这些细节的明确，可以在很大程度上避免后续合作过程中可能出现的纠纷和误解。例如，对于商品的质量要求，合同中可以详细列出具体的标准、检测方法以及不合格品的处理方式，从而确保双方对质量要求有明确的认知。

法律合规性检查也是合同签订前必不可少的一环。这一步骤旨在确保合同内容符合国家法律法规和政策要求，避免因合同条款违法而导致的合同无效或法律纠纷。因此，在签订合同前，务必对合同条款进行逐一审查，确保其合法合规。

合同的签字盖章环节也不容忽视。合同必须由双方代表签字并加盖公章或合同专用章，以示双方对合同条款的认可和承诺。这一步骤不仅具有法律效力，更是双方合作诚意的体现。

采购合同的签订是一个严谨而细致的过程，需要双方充分沟通、认真审查合同条款并严格遵守相关法律法规。只有这样，才能确保合同的合法性和有效性，为后续的合作奠定坚实的基础。此外，随着市场环境的变化和法律法规的更新，采购合同的具体内容和形式也可能需要不断调整和完善。因此，在签订采购合同时，双方还应考虑到未来的可能变化，并在合同中预留相应的调整空间。

## 二、采购合同的执行

采购合同的执行，作为买卖双方履行合同约定的重要环节，关乎双方权益的实现和合作关系的持续。在这一过程中，有几个核心方面需要双方共同关注和努力。

首先是交货与验收环节。供应商必须严格按照合同约定的时间和方式交付商品或服务。这意味着，供应商需要精确把握生产、物流等环节，确保交付的准时性和质量。同时，采购方也应及时组织验收工作，对交付的商品或服务进行全面细致的检查，确保其符合合同约定的规格、质量等要求。这一环节的高效执行，不仅能够保障采购方的正常运营，也有助于维护供应商的信誉和口碑。

其次是付款与结算环节。采购方需按照合同约定的付款方式和期限，准确无误地支付货款。这既是对供应商劳动成果的尊重，也是维护双方合作关系的基础。同时，供应商也应提供有效、合规的结算凭证和发票，以便采购方进行财务处理和税务申报。这一环节的顺畅进行，有助于提升双方的资金流转效率，降低财务风险。

再者是合同变更与解除的处理。在合同履行过程中，可能会因不可抗力、市场环境变化或其他特殊原因，导致合同无法按照原定计划继续履行。在这种情况下，双方应本着相互理解、协商解决的原则，对合同进行相应的调整。必要时，可以签订补充协议，对合同内容进行修改和完善。若因种种原因导致合同无法继续履行，双方也应在协商一致的基础上，解除合同并妥善处理后续事宜。

最后是违约责任的处理。在合同履行过程中，如一方出现违约行为，另一方有权要求其承担相应的违约责任。这包括但不限于赔偿损失、支付违约金等措施。违约责任的明确和执行，不仅有助于维护合同的严肃性和权威性，也能对违约方起到警示和惩戒作用，从而减少类似行为的发生。

在党的十九大和二十大报告中，都强调了诚信经营和依法治企的重要性。这为我们执行采购合同提供了明确的指导和方向。诚信经营意味着双方应秉承诚实信用的原则，真实、准确地履行合同约定，不欺诈、不隐瞒。依法治企则要求我们在合同签订、履行、变更和解除等各个环节，都要严格遵守国家法律法规和政策要求，确保合同的合法性和有效性。

采购合同的执行是一个复杂而细致的过程，需要双方共同努力、密切配合。通过加强交货与验收、付款与结算、合同变更与解除以及违约责任处理等环节的管理和监控，我们可以确保合同的顺利履行，维护双方的合法权益，促进采购活动的健康发展。同时，我们也要不断学习和掌握新的法律法规和政策要求，提高自身的法律意识和风险防范能力，为企业的持续发展和市场竞争力的提升提供有力保障。采购合同的签订与执行是采购管理中的重要环节，直接关系到采购活动的成功与否。通过加强合同签订前的审查、明确合同条款、严格执行合同等方式，可以有效降低采购风险，提高采购效率和质量。

# 第三节 采购合同的风险管理

## 一、采购合同风险概述

采购合同的风险管理，是采购管理中的重要环节，它涉及到合同的签订、履行以及后续可能出现的各种问题和挑战。在这个过程中，有效的风险管理策略能够显著降低潜在损失，保障采购活动的顺利进行。在采购合同管理过程中，风险是伴随始终的。这些风险可能来自于多个方面，如供应商的经营状况、市场环境的变化、法律法规的调整等。这些不确定性因素有可能导致合同目标无法实现，甚至给采购方带来重大损失。因此，对采购合同的风险进行全面而有效的管理，就显得尤为重要。

采购合同风险，本质上是指在合同签订、履行过程中，由于各种不确定性因素导致的合同目标无法实现或合同利益受损的可能性。这些不确定性因素既可能来自内部，如供应商的生产能力、质量控制等，也可能来自外部，如市场价格的波动、政策法规的变化等。无论是哪种因素，一旦触发风险，都可能对采购合同的执行产生重大影响。为了有效管理这些风险，我们首先需要对其进行全面的识别。通过对采购流程的深入分析和对市场环境的敏锐洞察，我们可以发现潜在的风险点，如供应商的经营风险、交付风险、质量风险等。识别出这些风险点后，我们需要进一步对其进行评估，确定风险的大小、发生的可能性以及可能造成的损失。

在风险评估的基础上，我们可以制定相应的风险控制策略。这些策略可能包括选择信誉良好的供应商、签订详细的合同条款以明确双方的权利和义务、建立严格的验收标准和程序以确保采购商品或服务的质量等。通过这些策略的实施，我们可以将采购合同的风险降低到最低限度。同时，我们还需要建立一个完善的风险应对机制。当风险事件发生时，这个机制能够迅速启动，采取有效的应对措施，以减轻风险造成的损失。这可能包括与供应商进行紧急协商、寻求法律支持、调整采购计划等。

采购合同的风险管理是确保采购活动顺利进行的关键环节。通过全面的风险识别、深入的风险评估、有效的风险控制以及完善的风险应对，我们可以最大限度地降低采购合同的风险，保障企业的正常运营和持续发展。此外，风险管理并非一蹴而就的过程，而是需要持续关注和不断调整的。随着市场环境的变化和采购活动的进行，新的风险点可能会不断出现。因此，我们需要建立一套动态的风险管理机制，及时发现并解决潜在的风险问题，以确保采购合同的顺利执行。

在未来的发展中，随着技术的不断进步和市场竞争的加剧，采购合同的风险管理将面临更多的挑战和机遇。我们需要不断学习和探索新的风险管理方法和技术，以适应不断变化的市场环境和企业需求。通过持续的努力和创新，我们相信能够有效地管理采购合同的风险，为企业的稳定发展和市场竞争力的提升提供有力保障。[①]

## 二、采购合同风险的识别

在采购合同管理中，风险识别是风险管理的首要步骤，它涉及到对潜在风险的敏锐洞察和系统分析。通过精确地识别各种风险，企业能够有针对性地制定防范措施，从而确保采购活动的顺利进行。

### 1. 供应商风险

供应商风险是采购合同中最常见的风险之一，主要体现在以下几个方面：

(1)供应商资质不符：在选择供应商时，必须对其资质进行严格的审查。如果供应商不具备相应的生产或服务能力，可能会导致采购的商品或服务质量不达标，甚至存在安全隐患。

(2)产品质量不达标：即使供应商具备相应的资质，也不能完全保证

---

① 刘战秋. 物资采购合同管理及风险防范对策[J]. 市场周刊，2024，37(10)：33—36.

其提供的产品质量始终如一。如果采购的商品存在质量问题，不仅会影响企业的正常运营，还可能对企业的声誉造成损害。

（3）交货期延误：供应商可能因各种原因（如生产能力不足、原材料短缺等）导致交货期延误。这种延误可能会打乱企业的生产计划，造成经济损失。

为了降低供应商风险，企业应在采购前对供应商进行全面的调查和评估，确保其具备相应的资质和生产能力。同时，合同中应明确商品或服务的质量标准、交货期限等关键条款，以便在出现问题时有据可依。

## 2. 市场风险

市场风险主要来源于市场环境的变化，包括市场价格波动和供需关系变化等。这些变化可能导致采购成本的增加或采购难度的提升。

（1）市场价格波动：原材料价格、劳动力成本等因素的变化都会影响商品的市场价格。如果市场价格大幅上涨，将增加企业的采购成本，降低利润空间。

（2）供需关系变化：市场供需关系的变化也会影响采购活动。例如，当某种商品供不应求时，企业可能面临采购困难或成本上升的问题。

为了应对市场风险，企业应密切关注市场动态，及时调整采购策略。同时，通过与供应商建立长期稳定的合作关系，可以在一定程度上减少市场波动对企业的影响。

## 3. 法律风险

法律风险主要涉及合同条款的清晰性和法律法规的变更等方面。

（1）合同条款不清晰：如果采购合同的条款表述不清或存在歧义，可能导致双方在履行合同过程中产生纠纷。这种纠纷不仅会影响采购活动的顺利进行，还可能给企业带来额外的法律成本。

（2）法律法规变更：法律法规的变更也可能对采购合同产生影响。例如，新的环保法规可能要求企业采购更加环保的材料或设备，这可能会增加企业的采购成本。

为了降低法律风险，企业在签订采购合同前应仔细审查合同条款，确保其清晰、明确且符合法律法规的要求。同时，企业应保持对法律法规的持续关注，以便及时调整采购策略以适应新的法律环境。

### 4. 其他风险

除了上述三种主要风险外，还存在一些其他不可预见的风险因素，如自然灾害、政治风险等不可抗力因素。这些风险因素虽然发生的概率较低，但一旦发生，可能对企业造成巨大的损失。为了应对这些不可预见的风险因素，企业应在采购合同中明确不可抗力条款的适用范围和条件。同时，通过建立完善的应急预案和风险管理机制，可以在风险事件发生时迅速做出反应，减轻损失。

采购合同的风险识别是一个复杂而细致的过程。通过全面分析各种潜在风险并制定相应的防范措施，企业可以最大限度地降低采购风险的发生概率和影响程度，确保采购活动的顺利进行。

## 三、采购合同风险的评估

在采购合同的风险管理中，风险评估是一个承上启下的关键环节。它通过对已识别风险进行量化和定性分析，帮助企业明确各类风险的大小、发生概率以及可能造成的损失，从而为后续制定风险控制措施提供坚实的依据。

风险评估，就是对风险进行量化和定性评价的过程。这一过程中，我们需要运用科学的方法和工具，对各类风险进行全面、客观的分析。通过评估，企业能够更清晰地了解哪些风险是主要的，哪些是次要的，从而合理分配资源，优先处理那些对企业影响最大的风险。

在风险评估的具体方法中，风险矩阵法和敏感性分析是两种常用的技术手段。

### 1. 风险矩阵法

风险矩阵法是一种将风险发生概率和可能造成的损失相结合，对风险进行排序的方法。首先，我们需要对每一个识别出的风险进行概率评估，即判断该风险发生的可能性有多大。这通常可以通过历史数据、专家判断或模拟分析等方式得出。其次，我们要评估风险发生后可能造成的损失大小。这一步需要综合考虑多个方面，如财务风险、运营风险、声誉风险等。最后，将风险的发生概率和可能损失相结合，形成一个风险矩阵。在这个矩阵中，我们可以清晰地看到哪些风险处于高风险区域，需要重点关注和应对。

通过风险矩阵法，企业能够更直观地了解各类风险的优先级，为后续的风险控制工作提供有力的指导。

2. **敏感性分析**

敏感性分析是另一种重要的风险评估技术，它主要用于评估各风险因素对合同目标的影响程度。在实际操作中，我们可以通过改变某个风险因素的取值，来观察合同目标（如成本、交货期等）的变化情况。这种分析方法能够帮助我们识别出那些对合同目标影响最大的风险因素，从而制定针对性的控制措施。例如，在采购合同中，原材料价格是一个重要的风险因素。通过敏感性分析，我们可以模拟原材料价格在不同水平下的变动情况，并观察其对采购成本和产品利润的影响。这样，当原材料价格发生实际波动时，企业就能迅速做出反应，调整采购策略以减轻风险。

除了上述两种评估方法外，还可以根据实际情况采用其他定量和定性分析工具来辅助风险评估工作。无论采用哪种方法，都应确保评估结果的客观性和准确性。同时，风险评估是一个动态的过程，需要随着市场环境的变化和采购活动的进展进行持续的更新和调整。

采购合同的风险评估是确保采购活动顺利进行的关键环节之一。通过科学、系统的评估方法和技术手段的应用，我们能够更准确地识别、分析和应对各类风险挑战，为企业的稳定发展和市场竞争力的提升提供有力保障。同时，这也有助于提高企业的风险意识和应对能力，在未来的市场竞争中占据更有利的地位。[①]

## 四、采购合同风险的控制

在采购合同管理中，风险控制是确保采购活动能够顺利进行并达到预

---

① 宋绪龙，赵岩，韩向东. 企业采购合同管理法律风险识别与防范[J]. 法制博览，2022(35)：148−150.

期目标的关键环节。通过实施有效的风险控制策略，企业可以降低潜在风险的发生概率，减轻风险事件造成的损失，并保障采购活动的稳定性和持续性。以下将从事前控制、事中控制和事后控制三个方面，详细阐述采购合同风险的控制方法。

**1. 事前控制**

事前控制是在采购合同签订前进行的一系列预防性措施，旨在提前识别和规避潜在风险。这一阶段的风险控制主要包括以下几个方面：

（1）进行充分的供应商调查。在选择供应商之前，应对其经营状况、生产能力、质量控制、交货能力等方面进行全面评估。这可以通过实地考察、查阅相关资料、与供应商进行深入交流等方式实现。确保所选供应商具备良好的信誉和稳定的运营能力，是降低供应商风险的关键。

（2）进行细致的市场调研。了解市场动态、价格波动趋势以及供需关系等因素，有助于企业制定合理的采购计划和预算。同时，通过对市场环境的深入了解，企业可以及时调整采购策略，以应对可能出现的市场风险。

（3）进行严格的法律审查。在合同签订前，务必对合同条款进行仔细审查，确保其合法、合规且清晰明确。对于涉及法律法规变更的风险，企业应咨询专业法律人士，确保合同条款能够适应法律环境的变化。

**2. 事中控制**

事中控制是在采购合同履行过程中进行的风险管理措施。这一阶段的风险控制主要集中在以下几个方面：

（1）加强合同履行过程的监控。企业应建立有效的监控机制，对供应商的交货进度、商品质量等方面进行实时跟踪和检查。通过及时发现和解决问题，确保供应商按约履行合同条款。

（2）建立有效的沟通机制。企业与供应商之间应保持良好的沟通渠道，以便在出现问题时能够及时协商解决。通过定期的会议、电话沟通或电子邮件交流等方式，双方可以共同应对合同履行过程中出现的各种挑战。

（3）制定应急预案。企业应根据可能出现的风险事件制定相应的应急预案，以便在风险事件发生时能够迅速做出反应。这包括但不限于寻找替代供应商、调整采购计划、协商合同条款变更等措施。

**3. 事后控制**

事后控制是在采购合同履行完成后进行的风险管理措施，主要针对已发生的风险事件采取补救措施，以降低损失并总结经验教训。

(1)对于已发生的风险事件，企业应尽快采取措施进行补救。这可能包括与供应商协商赔偿事宜、寻求法律援助、调整后续采购计划等。通过及时有效的补救措施，企业可以最大限度地减轻风险事件造成的损失。

(2)对风险事件进行深入分析并总结经验教训。企业应对风险事件的发生原因、影响范围以及应对措施进行全面分析，以便从中吸取教训并改进未来的采购合同管理工作。

(3)加强风险信息共享与沟通。企业应将风险事件及其处理结果及时与相关部门和人员进行共享与沟通，以便共同提高风险防范意识和应对能力。

采购合同的风险控制是一个系统而复杂的过程，需要企业在事前、事中和事后各个阶段进行全面而细致的管理。通过实施有效的风险控制策略，企业可以最大限度地降低采购活动中的各种风险，确保采购活动的顺利进行并达到预期目标。[①]

## 五、采购合同风险管理的实践建议

在当前的商业环境中，采购合同风险管理已成为企业不可或缺的一部分。为了更有效地管理这些风险，以下是一些实践建议，这些建议结合了学术理论和实际工作经验，旨在帮助企业建立完善的采购合同风险管理体系。

建立完善的风险管理机制是至关重要的。企业应制定全面的风险管理政策，明确风险识别、评估、监控和应对的流程。这一机制应确保所有相关人

---

① 宋绪龙，赵岩，韩向东. 企业采购合同管理法律风险识别与防范[J]. 法制博览，2022(35)：148－150.

员都了解并遵循这些流程，以便在风险事件发生时能够迅速而有效地作出反应。风险管理机制的建立不仅有助于企业系统地识别和评估风险，还能提供明确的指导原则，使企业在面临风险时能够有条不紊地进行应对。

加强团队培训与沟通对于提升采购合同风险管理水平具有关键作用。企业应定期组织针对采购团队的风险管理培训，提高团队成员的风险意识和应对能力。培训内容可以包括风险识别技巧、风险评估方法以及风险应对策略等。此外，建立有效的沟通渠道也至关重要，以便团队成员能够及时分享风险信息，协同应对潜在风险。通过加强团队培训与沟通，企业可以构建一个具备高度风险意识和应对能力的采购团队，为企业的稳健发展提供有力保障。

利用信息化手段可以显著提升采购合同风险管理的效率和准确性。随着大数据、人工智能等技术的不断发展，企业可以利用这些先进技术来优化风险管理流程。例如，通过建立风险数据库，企业可以对历史风险数据进行深入分析，从而更准确地识别未来可能面临的风险。同时，利用智能化风险评估工具，企业可以快速地对各种风险因素进行量化和定性评估，为制定针对性的风险控制措施提供有力支持。信息化手段的运用不仅提高了风险管理的效率，还使企业在应对风险时更加精准和有效。

除了上述建议外，企业还应密切关注国家政策和法规的变化。党的十九大和二十大报告中都强调了风险管理的重要性，要求企业加强内部控制和风险防范。这为企业采购合同风险管理提供了明确的政策导向。因此，企业应积极响应国家政策号召，不断完善自身的风险管理体系，确保采购活动的合规性和稳健性。

采购合同风险管理是一项系统性工程，需要企业从多个方面入手进行全面提升。通过建立完善的风险管理机制、加强团队培训与沟通以及利用信息化手段等实践建议，企业可以构建一个更加稳健、高效的采购合同风险管理体系。这不仅有助于企业规避潜在风险、降低运营成本，还能为企业的可持续发展提供坚实保障。在未来的商业竞争中，具备强大风险管理能力的企业将更加具有竞争优势，能够在激烈的市场竞争中脱颖而出。

第六章

采购成本控制与优化

# 第一节　采购成本的概念与构成

## 一、采购成本的概念

采购成本，这一关键的经济指标，涉及企业在采购过程中所发生的所有费用。这些费用并非仅限于商品的购买价格，而是一个更为宽泛的概念，它涵盖了从供应商选择到支付货款的整个采购流程中所产生的所有成本。为了更深入地理解采购成本，我们首先需要明确其涵盖的范围和构成。

采购成本并不仅仅是指购买商品或服务的直接费用。它实际上是一个综合的成本概念，包括了与采购活动相关的各种显性和隐性成本。这些成本从供应商选择开始，就伴随着整个采购过程。例如，在选择供应商时，企业可能需要投入资源进行市场调查和评估，这些都会产生相应的成本。同样，在询价、报价、谈判以及签订合同等环节中，也会涉及到各种费用，如通讯费、差旅费以及专业人员的工时费用等。此外，采购成本还包括了商品或服务的直接购买成本，这是最为直观和主要的一部分。但除此之外，还有一些容易被忽视的成本，如运输成本、保险费用、关税以及因质量问题导致的退货或维修成本等。这些成本虽然可能不直接体现在购买价格中，但确实会对企业的总体采购成本产生实质性影响。采购成本并不仅仅是一次性的支出。在很多情况下，它还包括了与供应商建立和维护长期合作关系所产生的成本。例如，为了确保供应商的持续供货能力和产品质量，企业可能需要定期进行供应商评估、审计以及质量控制等活动，这些都会产生相应的成本。

采购成本不仅直接关系到企业的运营成本，而且对企业的盈利能力和市场竞争力具有重要影响。过高的采购成本会压缩企业的利润空间，甚至可能导致企业在激烈的市场竞争中处于不利地位。因此，有效地控制和管理采购成本对于企业的长期发展至关重要。为了降低采购成本，企业需要采取一系列的策略和措施。这包括但不限于优化供应商选择过程、提高采购效率、加强质量管理以及利用市场竞争等手段。通过这些措施的实施，企业不仅可以降低直接的采购成本，还可以减少因质量问题或供应链中断等风险所带来的潜在成本。

采购成本是一个复杂而多维度的概念，它涉及企业在采购过程中的所有相关费用。为了有效地控制和管理这一关键成本要素，企业需要全面而深入地理解其构成和影响因素，并采取针对性的措施来降低总体采购成本。这样不仅可以提升企业的盈利能力，还可以增强其在市场中的竞争力，为企业的可持续发展奠定坚实的基础。

## 二、采购成本的构成

采购成本是一个多维度、复杂的概念，其构成涵盖了采购活动的各个环节。深入了解采购成本的构成，对于企业进行成本控制和优化具有重要意义。

### 1. 购买成本

购买成本，即企业购买原材料、零部件或产成品等物品所支付的费用，是采购成本中最直接、最明显的部分。这部分成本直接受到市场价格波动、供需关系以及采购数量等因素的影响。在购买成本中，企业需要考虑物品的单价、数量以及折扣等因素，确保以最优的价格获得所需的物品。为了降低购买成本，企业可以采取多种策略，如与供应商建立长期合作关系、进行集中采购以获取更大的折扣、及时关注市场价格动态并把握采购时机等。

### 2. 订货成本

订货成本是与供应商进行交易过程中产生的所有费用，包括手续费、通信费、差旅费等。这些成本通常与采购次数相关，频繁的采购会增加订货成本。因此，企业在制定采购计划时，需要权衡采购次数与订货成本之间的关系，以找到最优的采购策略。为了降低订货成本，企业可以优化采购流程、减少不必要的交易环节、提高采购效率等。此外，通过电子采购平台等信息化手段进行采购，也可以有效降低订货成本。

### 3. 储存成本

储存成本是指企业在存储采购物品过程中所产生的费用，包括仓库租金、保管费、保险费和库存物资占用资金的利息等。这些成本随库存量的增加而增加，因此企业需要合理控制库存量，以降低储存成本。为了降低储存成本，企业可以采取先进的库存管理方法，如实时库存管理、精益库存管理等，以减少库存积压和浪费。此外，提高库存周转率、优化仓库布局等也是降低储存成本的有效手段。

### 4. 缺货成本

缺货成本是由于采购不及时或供应商供货不足导致的生产中断、延误等所产生的损失。这种成本虽然不直接体现在财务报表上，但对企业运营的影响却不容忽视。缺货不仅会影响企业的正常生产进度，还可能导致客户满意度下降、市场份额减少等后果。为了避免缺货成本的发生，企业需要建立完善的供应链管理体系，加强与供应商的沟通与协作，确保采购计划的准确性和及时性。同时，通过建立安全库存、采用多元化的供应商策略等方式，也可以有效降低缺货风险。

### 5. 运输成本

运输成本是从供应商到企业的物流费用，包括运费、装卸费等。运输成本的高低直接影响到采购总成本。因此，在选择供应商时，除了考虑物品的价格和质量外，还需要关注供应商的地理位置和运输方式等因素。为了降低运输成本，企业可以采取集中采购、优化运输路线、选择合适的运输方式等措施。此外，与物流公司建立良好的合作关系，争取更优惠的运价和更好的服务也是降低运输成本的有效途径。

### 6. 质量管理成本

质量管理成本是为确保采购物品的质量而进行的检验、测试等活动的费用。这部分成本虽然相对较小，但对于保证采购物品的质量和企业的生产安全具有重要意义。为了降低质量管理成本，企业可以从源头上加强质量控制，选择信誉良好、质量保证的供应商。同时，建立完善的质量检验体系，提高检验效率和准确性，也可以有效降低质量管理成本。

　　采购成本的构成复杂多样，涉及多个环节和因素。企业需要全面了解采购成本的构成及影响因素，通过精细化管理、供应链优化等手段来降低采购成本并提高盈利能力。这不仅有助于企业在激烈的市场竞争中保持优势地位，还能为企业的可持续发展奠定坚实基础。党的十九大和二十大报告都强调了成本控制和企业管理效率的重要性，因此企业应积极响应国家政策导向，加强采购成本控制与优化工作。采购成本是企业运营中的重要组成部分，其构成复杂多样。通过深入了解采购成本的构成，企业可以更有效地进行成本控制和优化，从而提升整体运营效率和市场竞争力。①

---

① 夏继河. 采购成本控制方法研究[J]. 现代营销（学苑版），2011(12)：40.

# 第二节　采购成本的控制方法

## 一、采购成本控制的重要性

在现代企业经营管理的宏观框架内，采购成本控制不仅是一个关键的财务策略，更是提升企业盈利能力和市场竞争力的重要战略手段。采购成本作为企业运营成本的主要组成部分，其控制效果直接影响到企业的利润空间和市场定位。因此，通过实施有效的成本控制措施，企业能够显著降低不必要的费用支出，提高资源的配置效率，进而优化整体运营性能。

采购成本控制有助于企业降低运营成本。在制造业或销售业等行业中，原材料或商品的采购成本往往占据了企业运营成本的较大比例。通过精细化管理、合理定价、优化采购流程等手段，企业可以有效减少采购过程中的浪费，从而在保持产品质量的前提下，降低单位产品的成本，提高企业的盈利水平。

采购成本控制能够提升资源利用效率。在实施采购成本控制策略时，企业必然会对采购流程进行重新审视和优化，这有助于发现并消除资源使用中的低效和浪费现象。例如，通过减少不必要的库存积压、优化物流配送路线、提高供应商管理效率等措施，企业可以更加高效地利用有限的资源，从而实现更好的经济效益和社会效益。

采购成本控制对于增强企业的市场竞争力也具有重要意义。在激烈的市场竞争中，成本领先往往是企业获得市场份额和客户忠诚度的关键因素。通过实施有效的采购成本控制策略，企业可以在保证产品质量的同时，以更低的价格向市场提供产品或服务，从而吸引更多的消费者并扩大市场份额。这种成本优势还可以使企业在面对竞争对手时保持更大的灵活性和应对能力。

采购成本控制不仅是企业财务管理的重要环节，更是提升企业整体竞争力和实现可持续发展的关键所在。因此，现代企业应高度重视采购成本控制工作，不断探索和创新成本控制方法，以适应日益复杂多变的市场环境并实现更好的经营成果。为了实现采购成本的有效控制，企业需要建立一套完整的成本控制体系，该体系应包括成本预算、成本核算、成本分析和成本控制等多个环节。同时，企业还应加强内部管理，提升员工对成本控制的认识和参与度，形成全员参与成本控制的良好氛围。通过这些措施的实施，企业可以更加精准地掌握采购成本的构成和变动趋势，为制定更加科学合理的采购策略提供有力支持。

在未来的发展中，随着市场竞争的不断加剧和消费者需求的日益多样化，采购成本控制将在企业经营管理中扮演更加重要的角色。因此，企业需要不断学习和借鉴先进的成本控制理念和方法，结合自身实际情况进行创新和应用，以实现采购成本控制的持续优化和提升。同时，政府和社会各界也应加强对企业采购成本控制的支持和引导，共同推动企业实现高质量发展。

## 二、采购成本的控制方法

采购成本的控制方法是企业管理中的关键环节，它涉及多个策略和手段的综合运用。

### 1. 供应商选择与谈判策略

在采购成本控制中，供应商的选择至关重要。企业应全面评估供应商的信誉、产品质量、交货期、价格以及售后服务等多个方面，以确保选择的供应商不仅具有成本优势，还能保证产品的质量和供应的稳定性。通过与选定的供应商建立长期合作关系，企业可以享受到更优惠的价格和更稳定的供应链支持。同时，谈判策略的运用也是降低采购成本的关键。在与供应商进行谈判时，企业应充分利用自身的市场地位和采购规模，争取获得更优惠的价格和更合理的合同条款。此外，通过灵活的付款方式和交货期安排，企业还可以进一步优化采购成本。[①]

### 2. 集中采购与规模经济

集中采购是通过将多个部门的采购需求集中起来，统一进行采购活动的方式。这种方式可以增加采购量，从而提高企业在供应商面前的议价能力，获得更优惠的价格。此外，集中采购还可以减少采购次数，降低订货成本和交易成本。规模经济则是通过大量采购来降低单位产品的采购成本。当采购量达到一定规模时，企业可以享受到更低的价格、更优惠的付款条件和更好的售后服务。因此，企业应尽可能地集中采购需求，以实现规模经济带来的成本优势。

### 3. 价值分析与价值工程

价值分析是一种通过分析产品或服务的功能和成本，以寻求降低成本同时保持或提升产品功能的方法。在采购过程中，企业可以运用价值分析方法，识别并消除不必要的成本，如过高的包装费用、不必要的运输费用等。价值工程则是一种通过改进产品设计或生产流程来降低成本的方法。企业可以与供应商紧密合作，共同研究如何通过改进产品设计或生产流程来降低成本。这种方法不仅可以降低采购成本，还可以提升产品的质量和市场竞争力。

### 4. 电子化采购系统

电子化采购系统是一种利用信息技术提高采购效率的工具。通过电子化采购系统，企业可以更方便地管理采购订单、跟踪交货期、进行质量检查等，从而提高采购效率并降低人工成本和时间成本。此外，电子化采购

---

① 张宓. 基于供应链视角的企业采购成本控制优化策略研究[J]. 企业改革与管理，2022(03)：150-152.

系统还可以提供数据分析功能，帮助企业优化采购决策，降低库存成本和缺货成本。

### 5. 精益采购与库存管理

精益采购是一种以减少浪费为目标的采购策略。它强调与供应商的紧密合作和持续改进，以确保采购过程的高效性和成本效益。通过实施精益采购策略，企业可以减少不必要的库存积压和浪费，从而降低采购成本。库存管理也是控制采购成本的重要环节。企业应采用先进的库存管理技术，如实时库存监控和预测分析等，以确保库存量的合理性并降低库存成本。同时，通过定期评估库存状况和调整库存策略，企业还可以进一步优化采购成本。

### 6. 长期合作协议与共享风险

与供应商签订长期合作协议是确保稳定供应并降低采购成本的有效方法。长期合作协议可以明确双方的权利和义务，保证供应的稳定性和价格的合理性。同时，长期合作协议还可以为企业提供更多的采购灵活性和议价能力。此外，通过与供应商共享风险也是降低采购成本的一种策略。在市场波动或不可预测事件发生时，企业与供应商可以共同承担责任和风险，从而降低采购成本的不确定性。这种共享风险的方式可以加强企业与供应商之间的信任和合作关系，为双方创造更大的价值。

采购成本的控制方法多种多样，企业应根据自身的实际情况和市场环境选择适合自己的控制策略。通过综合运用这些控制方法，企业可以有效地降低采购成本并提高市场竞争力。[1]

## 三、采购成本控制的实践建议

在采购成本控制的实践中，企业需要建立完善的控制体系，明确控制

---

[1]　汪美林. 企业采购管理及成本控制研究[J]. 财经界，2023(36)：42-44.

目标，加强团队能力，并不断根据市场环境和内部运营状况进行调整。

建立完善的采购成本控制体系是基础。企业应制定明确的采购成本控制政策，并设立专门的成本控制团队或指定负责人。这个体系需要包括成本控制的目标设定、责任分配、执行流程以及监督和考核机制。目标设定要具体、可量化，以便团队成员能够明确工作方向。责任分配要确保每个环节都有人负责，避免出现责任空白。执行流程要清晰、规范，以确保成本控制措施能够得到有效实施。监督和考核机制则要定期评估成本控制效果，及时调整策略。

定期对采购成本进行分析和评估是关键。企业应定期收集采购数据，包括供应商报价、采购量、交货期等信息，并进行深入分析。通过对比历史数据和行业标准，企业可以了解自身采购成本的优势和不足，从而制定针对性的改进措施。此外，企业还应关注市场动态和原材料价格变化，以便及时调整采购策略和成本控制目标。同时，加强采购团队的培训和管理也至关重要。企业应定期组织采购成本控制的培训，提高团队成员的成本控制意识和能力。培训内容可以包括采购成本控制的理论知识、实践案例以及先进的成本控制工具和方法等。此外，企业还应建立激励机制，鼓励团队成员积极参与成本控制工作，提出改进建议和创新思路。在党的十九大和二十大报告中，成本控制和企业管理效率的重要性被多次强调。采购成本作为企业运营成本的重要组成部分，其控制成效直接关系到企业的盈利能力和市场竞争力。因此，企业应高度重视采购成本控制工作，将其纳入企业战略管理的重要组成部分。

为了实现采购成本的有效控制，企业还需要灵活运用各种控制方法，并根据实际情况进行不断优化和调整。例如，企业可以通过与供应商建立长期合作关系来稳定采购成本；通过集中采购和规模经济来降低单位产品的采购成本；运用价值分析和价值工程方法来识别并消除不必要的成本；利用电子化采购系统提高采购效率并优化决策；实施精益采购策略以减少浪费和库存积压；以及与供应商签订长期合作协议并共享风险以降低采购成本的不确定性。在实施采购成本控制的过程中，企业还应注意保持与供应商的良好沟通和合作。通过建立互信关系，企业可以更好地理解供应商的成本结构和定价策略，从而制定更有效的成本控制措施。同时，企业也应关注供应链的整体效率，通过优化供应链的各个环节来降低采购成本。

采购成本控制是一项系统工程，需要企业从多个方面入手进行综合考虑和实施。通过建立完善的控制体系、定期分析和评估采购成本、加强团队培训和管理以及灵活运用各种控制方法，企业可以逐步实现采购成本的有效控制并优化整体运营性能。这将有助于企业在激烈的市场竞争中保持领先地位并实现可持续发展。

# 第三节　采购成本的优化策略

## 一、采购成本优化策略

在企业管理中，采购成本的控制与优化对于提升整体经营效益具有至关重要的意义。为了实现采购成本的优化，企业需要采取一系列策略，从供应链协同优化到采购流程再造，再到多元化采购策略、绿色采购与可持续发展，以及全球化采购与市场多元化。

### 1. 供应链协同优化

供应链协同优化是降低采购成本的重要途径。企业与供应商、分销商等供应链伙伴之间建立紧密的合作关系，实现信息共享和风险共担，有助于提高整体供应链的运作效率，进而降低采购成本。

建立供应链协同机制是关键。企业应与供应链伙伴共同制定合作规则，明确各方职责和利益分配，确保信息流畅与协同决策。通过定期召开供应链协调会议，及时沟通生产、销售、库存等信息，以便快速响应市场需求变化。加强信息共享也是协同优化的重要环节。通过搭建供应链信息平台，实现各环节数据的实时更新与共享，有助于减少信息传递延误和失真，提高供应链的透明度和可追溯性。提高供应链响应速度和减少库存也是协同优化的目标。通过优化生产计划、物流配送等环节，降低库存积压和缺货成本，实现采购成本的有效控制。

### 2. 采购流程再造

采购流程再造是提高采购效率、降低采购成本的重要手段。企业应对现有采购流程进行全面梳理，发现并消除无效和低效环节，从而提升采购整体效率。

简化审批流程是关键。企业应精简审批环节，明确各级审批权限，提高审批效率。同时，建立电子化审批系统，实现线上审批和流程跟踪，降低沟通成本和时间成本。实施电子化采购系统也是提升采购效率的有效途径。通过电子化采购系统，企业可以实现采购需求的在线提交、审批、订单生成等功能，简化操作流程，提高工作效率。引入自动化和智能化技术也是采购流程再造的重要方向。利用大数据、人工智能等技术手段，对采购数据进行深度分析和挖掘，为采购决策提供有力支持。同时，自动化和智能化技术的应用还可以减少人工干预和错误，提高采购准确性和效率。

3. **多元化采购策略**

多元化采购策略是降低采购成本的重要手段之一。企业应根据市场需求和供应商情况，灵活调整采购策略，以实现采购成本的最优化。

企业可以采用集中采购的方式，通过大规模采购来降低单位成本。同时，与优质供应商建立长期合作关系，确保产品质量和交货期的稳定性。分散采购也是一种有效的策略。企业可以根据不同产品的特点和市场需求，将采购任务分散给多个供应商，以降低对单一供应商的依赖风险。联合采购也是一种值得考虑的策略。企业可以与其他同行业或跨行业的企业进行合作，共同采购某些原材料或零部件，以扩大采购规模并降低单位成本。

4. **绿色采购与可持续发展**

在采购过程中考虑环境和社会责任已成为现代企业不可或缺的一部分。通过实施绿色采购策略，企业不仅可以降低环境成本，还能提升品牌形象和市场竞争力。

建立绿色采购标准是实施绿色采购的基础。企业应明确环保要求和指标，将环保因素纳入供应商评价和选择过程中。同时，鼓励供应商采用环保材料和工艺，降低生产过程中的环境污染。加强供应商环保意识的培训也是关键。企业应定期与供应商进行沟通与交流，宣传环保理念和要求，引导供应商积极参与环保行动并持续改进环保性能。

5. **全球化采购与市场多元化**

全球化采购与市场多元化是企业降低采购成本、拓展市场的重要途径。通过利用全球资源和国际市场价格差异，企业可以进一步优化采购成本结构并提升市场竞争力。

建立全球采购网络是实现全球化采购的基础。企业应积极寻找具有国际竞争力的供应商并建立长期合作关系。同时，关注国际市场价格动态和汇率变化等因素对采购成本的影响，以便及时调整采购策略。利用税收优惠政策也是降低采购成本的有效手段之一。企业应了解并合理利用相关税收优惠政策来降低进口关税和增值税等税负成本。

采购成本的优化需要企业从多个方面入手进行综合考虑和实施。通过供应链协同优化、采购流程再造、多元化采购策略、绿色采购与可持续发展以及全球化采购与市场多元化等策略的应用与实践，企业可以逐步实现采购成本的降低与优化目标，并为企业的长远发展奠定坚实基础。在未来的发展中，随着市场环境的不断变化和技术创新的不断推进，企业还需不断探索和完善采购成本优化策略以适应日益复杂多变的商业环境并保持持续竞争优势。①

## 二、实施采购成本优化策略的注意事项

在实施采购成本优化策略时，企业必须注意若干关键方面，以确保策略的有效性和可持续性。以下是在执行这些策略时需要特别注意的事项：

### 1. 保持与供应商的良好关系，实现互利共赢

企业与供应商之间的关系是采购成本优化的关键因素之一。建立并维护与供应商的良好合作关系，不仅有助于确保稳定的供应链，还能在采购过程中获得更优惠的价格和更优质的服务。为了实现这一目标，企业应：

(1)建立公平、透明的供应商评价和选择机制，确保供应商的合法权益。

(2)定期进行供应商评估，及时反馈并解决问题，增强双方的信任与合作。

---

① 王大江. 企业采购成本控制的实证研究[J]. 统计与决策，2015(08)：186－188.

（3）通过长期合同、共同研发等方式，深化与供应商的战略合作关系，实现双方共赢。

**2.加强对市场动态的监控和分析，及时调整采购策略**

市场环境的不断变化要求企业密切关注市场动态，以便及时调整采购策略。为此，企业应：

（1）建立专门的市场研究团队，定期收集和分析市场信息，包括原材料价格、供需关系、竞争对手动态等。

（2）根据市场分析结果，灵活调整采购策略，如改变采购数量、调整采购时间、选择更合适的供应商等。

（3）建立应对市场突发事件的预案，以降低采购成本风险。

**3.注重采购团队的建设和培训，提高采购人员的专业素养和谈判能力**

采购团队的专业素养和谈判能力是决定采购成本优化策略能否成功实施的关键因素。因此，企业应：

（1）选拔具有专业知识和实践经验的采购人员，组建高效的采购团队。

（2）定期对采购人员进行专业培训，提高其市场敏感度、谈判技巧和成本控制能力。

（3）鼓励采购人员参与行业交流和研讨，拓宽视野，了解行业最新动态和趋势。

**4.推动绿色采购和可持续发展**

在党的十九大和二十大报告中，强调了绿色发展和可持续发展的重要性。企业在采购成本优化过程中，应积极响应国家政策，推动绿色采购和可持续发展。具体来说，企业应：

（1）将环保和可持续发展要求纳入供应商选择和评价标准中，优先选择环保意识强、技术先进的供应商。

（2）鼓励供应商采用环保材料和工艺，降低生产过程中的环境污染。

（3）加强企业内部环保意识教育，提高员工对绿色采购和可持续发展的认识和重视程度。

采购成本优化是企业提升盈利能力、增强市场竞争力的重要手段。在实施优化策略时，企业必须注意与供应商的关系维护、市场动态监控、采购团队建设以及推动绿色采购和可持续发展等方面的工作。只有全面考虑并付诸实践，企业才能在激烈的市场竞争中脱颖而出，实现持续稳健的发展。同时，这些注意事项也为企业提供了采购成本优化的具体方向和实施路径，有助于企业更好地应对市场挑战，实现采购成本的持续降低和整体经营效益的提升。在未来的发展中，企业应不断探索和完善采购成本优化策略，以适应日益复杂多变的商业环境，保持持续竞争优势。

第七章

采购过程的质量控制

# 第一节 采购质量的重要性

随着全球市场竞争的日益激烈，产品质量成为企业生存和发展的关键因素。采购作为供应链的起点，其质量控制对于整个供应链的稳定性和产品质量具有举足轻重的作用。本节将深入探讨采购质量的重要性，并分析其对企业运营的影响。

## 一、采购质量对企业运营的影响

### 1. 产品质量的基石

采购的原材料、零部件或服务质量，是构成最终产品的基础元素。这些元素的质量直接决定了产品的整体质量。优质的原材料和零部件能够确保产品的稳定性和耐用性，从而提升产品的整体品质。反之，如果采购的输入质量不佳，那么无论后续的生产工艺多么精湛，也难以弥补这一先天不足。因此，采购质量是产品质量的基石，对于企业生产出高品质的产品至关重要。

### 2. 客户满意度与忠诚度

在消费者日益挑剔的市场环境中，产品质量的好坏直接关系到客户的满意度和忠诚度。优质的产品能够带给客户更好的使用体验，从而提升客户对品牌的认可和信赖。而这一切的源头，正是采购质量。通过严格控制采购质量，企业可以确保产品的性能和品质达到或超越客户的期望，进而提高客户的满意度和忠诚度。这种正面的客户体验，将为企业带来持续的业务增长和口碑传播。

### 3. 成本控制与盈利能力

虽然高质量的采购输入可能在短期内看似成本较高，但从长远来看，它对于企业的成本控制和盈利能力有着积极的影响。首先，优质的原材料和零部件可以减少生产过程中的废品率和返工率,从而降低生产成本。其次,高质量的产品能够减少因质量问题导致的退货、维修和赔偿等额外成本。这些成本的降低,将直接反映在企业的盈利能力上。此外,优质的产品还能为企业赢得更高的市场定价权,进一步提升企业的利润空间。

### 4. 品牌形象与市场竞争力

在品牌竞争日益激烈的时代,采购质量直接关系到企业的品牌形象和市场竞争力。优质的产品是企业品牌形象的有力支撑,它能够让消费者在购买和使用过程中感受到企业的专业性和品质保证。这种正面的品牌形象将为企业赢得更多的市场份额和消费者信任。同时,优质的产品还能使企业在激烈的市场竞争中脱颖而出,成为行业的佼佼者。这种市场竞争力的提升,将为企业带来持续的发展动力和商业机会。

采购质量对企业运营的影响是全方位的,它不仅是产品质量的基石,更是客户满意度、成本控制、品牌形象以及市场竞争力的关键所在。因此,企业必须高度重视采购质量的管理和控制,通过建立完善的采购质量控制体系、加强与供应商的沟通与协作、定期进行质量评估和改进等措施,确保采购质量始终保持在行业领先水平。这将为企业创造更大的价值空间和发展潜力,助力企业在激烈的市场竞争中立于不败之地。[①]

## 二、采购质量控制的必要性

在现代企业管理中,采购质量控制不仅是确保产品质量的关键环节,更是企业稳健运营和持续发展的基石。

### 1. 预防质量风险

采购质量控制的首要任务是预防质量风险。通过建立严格的采购质量控制体系,企业能够在采购的各个环节中实施严密监控,从而及时发现并处理潜在的质量问题。这种预防性的质量控制机制,不仅有助于企业在源头上把控产品质量,更能避免因采购物料质量问题而引发的后续生产、销

---

① 黄岩. 物资采购质量的管理控制研究[J]. 中国高新区,2017(21):213.

售等环节的风险。在实施采购质量控制时，企业应对供应商进行严格的筛选和评估，确保其具备提供符合质量要求物料的能力。同时，通过定期的质量检查和抽样检测，企业可以持续监控物料的质量状况，及时发现并处理不合格产品，从而有效预防质量风险的发生。

### 2. 保障生产顺利进行

采购质量控制对于保障生产的顺利进行至关重要。优质的采购输入能够确保生产过程的稳定性和高效率，减少因质量问题导致的生产中断和延误。当采购的原材料、零部件等质量可靠时，生产线上的故障率会显著降低，从而提高生产效率，降低生产成本。此外，优质的采购输入还能减少生产过程中的废品率和返工率，进一步提升生产效益。这不仅有助于企业按时交付产品，满足客户需求，还能为企业赢得良好的市场口碑和信誉。

### 3. 提升企业整体绩效

采购质量控制是企业整体质量管理的重要组成部分。通过加强采购质量控制，企业可以在多个方面实现绩效的提升。首先，优质的产品质量能够增强客户满意度和忠诚度，从而扩大市场份额，提高企业的盈利能力。其次，减少质量问题和生产中断可以降低企业的运营成本，包括废品处理、返工、维修等费用。最后，优质的采购输入还能提升企业的品牌形象和市场竞争力，为企业的长远发展奠定坚实基础。在党的十九大和二十大报告中，强调了质量提升和品牌建设的重要性。企业应积极响应国家政策，将采购质量控制作为提升产品质量和品牌建设的关键环节。通过实施严格的采购质量控制体系，企业可以确保采购输入的质量稳定性，为打造高品质产品和提升企业竞争力奠定坚实基础。

采购质量控制的必要性不言而喻。它不仅是预防质量风险、保障生产顺利进行和提升企业整体绩效的重要手段，更是企业响应国家政策、实现可持续发展的关键举措。因此，企业应高度重视采购质量控制工作，不断完善相关体系和流程，以确保采购输入的质量可靠性，为企业的长远发展保驾护航。

为了实施有效的采购质量控制，企业需要建立一套完善的质量控制体系。这包括明确的质量控制标准、严格的供应商评估和选择机制、定期的质量检查和抽样检测制度以及及时的问题处理和改进措施。通过这些措施的综合运用，企业可以全面提升采购质量控制的水平，为企业的稳健运营和持续发展提供有力保障。同时，企业还应注重采购团队的建设和培训。一个高素质、专业化的采购团队能够更好地理解采购质量控制的重要性，熟练掌握相关技能和方法，从而在采购过程中发挥关键作用。通过定期的培训和实践锻炼，企业可以提升采购团队的整体素质和业务水平，为采购质量控制提供坚实的人才保障。

企业还应积极引入先进的技术手段和管理理念来支持采购质量控制工作。例如，利用大数据和人工智能技术来分析和预测物料质量趋势，为采购决策提供更准确的依据；引入精益管理理念和方法来优化采购流程、降低浪费并提升效率等。这些举措将有助于企业在激烈的市场竞争中保持领先地位并实现可持续发展目标。采购质量在企业运营中具有举足轻重的地位。通过加强采购质量控制，企业可以确保产品质量的稳定性、提升客户满意度和忠诚度、控制成本并提升盈利能力，以及增强品牌形象和市场竞争力。因此，建立并实施严格的采购质量控制体系是企业实现高质量发展的关键所在。①

---

① 黄岩. 物资采购质量的管理控制研究[J]. 中国高新区，2017(21)：213.

# 第二节　采购过程的质量控制方法

## 一、质量控制的基本概念

质量控制，作为采购管理的核心环节，是指在采购过程中采取的一系列系统性、预防性的检验、监控及改善措施，旨在确保所采购的产品或服务能够严格符合预期的质量标准。它不仅关注产品的初始质量，更着眼于在整个采购流程中持续维护并提升质量水平。质量控制的重要性在于，它直接关系到供应链的可靠性、产品的最终质量以及企业的整体运营效率和客户满意度。

在采购过程中，质量控制涵盖了从供应商选择、产品检验到问题处理的全流程。首先，选择具备高质量生产能力的供应商是质量控制的第一步。这需要对供应商的质量管理体系、生产能力、技术水平以及售后服务等进行全面评估。其次，产品检验是确保采购产品质量的直接手段。通过严格的检验流程，可以及时发现并处理不合格产品，防止其进入生产环节。最后，问题处理机制也是质量控制的重要组成部分。当发现质量问题时，应迅速采取措施进行整改，并对质量问题进行深入分析，以防止类似问题的再次发生。

质量控制的方法多种多样，包括但不限于制定明确的质量标准、建立严格的质量检验体系、采用统计过程控制技术等。这些方法的应用需要根据企业的实际情况和采购需求进行灵活调整。例如，对于关键零部件的采购，可能需要采用更为严格的质量控制措施，包括增加检验频次、提高检验标准等。而对于一般物资的采购，则可以在保证基本质量要求的前提下，适当简化质量控制流程，以提高采购效率。在实施质量控制时，企业还应注重与供应商的沟通与协作。通过建立有效的信息反馈机制，企业可以及时了解供应商的质量改进情况，并对其提供必要的支持和帮助。这种合作式的质量控制模式有助于增强企业与供应商之间的互信关系，提升整个供应链的稳定性和竞争力。

随着科技的不断发展，越来越多的先进技术被应用于质量控制领域。例如，物联网技术可以实现采购产品的实时追踪与监控；大数据分析技术则能够帮助企业更准确地识别质量风险并制定相应的预防措施。这些技术的应用为质量控制带来了更多的可能性和挑战。质量控制是采购管理中不可或缺的一环。通过深入理解质量控制的基本概念和方法，并结合企业的实际情况进行灵活应用，企业可以在确保采购产品质量的同时，提升整体运营效率和客户满意度。在未来的发展中，随着技术的不断进步和市场竞争的加剧，质量控制将扮演更加重要的角色，成为企业持续发展和核心竞争力的关键所在。为了更有效地实施质量控制，企业需要建立一套完善的质量控制体系，并注重与供应商的沟通与协作。同时，积极引入先进技术和管理理念，不断提升质量控制的能力和水平。只有这样，企业才能在激烈的市场竞争中立于不败之地，实现持续稳健的发展。[①]

## 二、采购过程的质量控制方法

在采购过程中实施质量控制是至关重要的，它涉及到从明确质量要求到持续改进的多个环节。

### 1. 明确质量要求

在采购活动的起始阶段，企业需制定清晰、具体的质量标准。这些标准不仅应涵盖产品的性能、可靠性和安全性，还应涉及服务的及时性和专业性。通过明确这些标准，企业能够为供应商提供一个明确的指引，确保所采购的产品或服务能够满足企业的实际需求。此外，编写详细的技术规格书也是不可或缺的一步。技术规格书应全面、详尽地描述所需产品或服务的各项技术指标，包括但不限于尺寸、重量、材料、性能参数等。这不

---

① 于佳嵩. 物资采购质量的管理控制研究[J]. 科技资讯，2019，17(30)：74－75.

仅有助于供应商准确理解企业的需求，还能为后续的检验和监控提供有力的依据。

### 2. 供应商选择与评估

选择合适的供应商是质量控制的关键一环。企业应通过全面的市场调查和深入的供应商评估，筛选出具有优质质量保证能力的供应商。评估过程中，应重点考察供应商的资质、生产能力、质量管理体系以及售后服务等方面。同时，建立供应商绩效评价机制也是必不可少的。企业应定期对供应商的产品质量、交货期、服务态度等进行全面评价，以确保供应商能够持续、稳定地提供符合质量要求的产品或服务。这种评价机制不仅有助于及时发现并解决问题，还能激励供应商不断提升自身质量水平。

### 3. 质量检验与监控

进货检验是确保采购产品质量的重要措施。企业应对每一批次的采购产品进行严格的检验，确保其符合合同规定的质量标准。在检验过程中，应注重细节和数据的记录，以便后续追溯和分析。此外，过程监控也是保障产品质量的重要手段。企业可以在供应商生产过程中进行定期或不定期的质量抽查，以及关键工序的实时监控。通过这种方式，企业能够及时发现生产过程中的质量问题，并采取措施予以纠正，从而确保产品质量始终处于受控状态。

### 4. 质量改进与反馈

一旦发现质量问题，企业应迅速与供应商取得联系，共同查找原因并制定整改措施。通过有效的沟通和协作，双方能够共同解决问题，提升产品质量水平。同时，建立有效的质量信息反馈机制也是至关重要的。企业应将用户反馈、市场反馈等信息及时传递给供应商，以便其了解产品的实际使用情况和市场需求。这种反馈机制有助于促进供应商持续改进产品质量，满足不断变化的市场需求。

### 5. 利用质量管理工具

统计过程控制（SPC）和持续改进（CIP）等质量管理工具在采购过程中具有重要的作用。通过运用SPC技术，企业可以对生产过程中的质量数据进行采集、整理和分析,从而及时发现并控制质量波动。这不仅有助于提升产品质量的稳定性,还能为企业决策提供有力的数据支持。而 CIP 方法则强调通过持续改进来不断优化采购过程的质量控制措施。企业应鼓励员工积极参与改进活动,提出创新性的建议和方案。通过这种方式,企业能够不断提升自身的质量管理水平,实现持续发展和竞争优势。

采购过程的质量控制涉及多个环节和方面。通过明确质量要求、选择合适的供应商、实施严格的质量检验与监控、建立有效的质量改进与反馈机制以及利用先进的质量管理工具等方法,企业能够全面提升采购活动的质量水平。这不仅有助于保障企业的正常运营和持续发展,还能为企业赢得更多的市场份额和客户满意度。在未来的市场竞争中,注重质量控制的企业必将脱颖而出,成为行业的佼佼者。[①]

## 三、质量控制的意义与价值

质量控制作为采购过程中的核心环节,其实施的意义与价值远超出表面的产品质量保障。

质量控制最直接的作用是提升采购产品或服务的质量。通过设立明确的质量标准,对供应商进行严格的筛选与评估,以及实施细致的质量检验与监控,企业能够确保所采购的产品或服务达到甚至超越预期的质量要求。这种对质量的严格把控,不仅提升了产品的性能、可靠性和安全性,更从源头上减少了因质量问题引发的风险和成本。

质量控制有助于降低质量成本。质量成本包括预防成本、鉴定成本、内部损失成本和外部损失成本。通过有效的质量控制,企业可以减少不良品率、返工率及废品率,从而降低内部和外部损失成本。同时,预防成本和鉴定成本的投入也会因质量问题的减少而得到优化,进而实现整体质量成本的降低。

质量控制对于提高客户满意度具有显著作用。优质的产品或服务能够

---

① 何丽娜. 企业物资采购过程中质量控制的策略研究[J]. 环渤海经济瞭望,2023(08):114—116.

赢得客户的信任和忠诚，进而提升企业的品牌形象和市场占有率。在竞争激烈的市场环境中，客户满意度是企业持续发展的关键因素之一。通过实施质量控制，企业能够更好地满足客户需求，提供超越期望的产品或服务，从而增强客户黏性，促进企业的长期发展。

质量控制还是增强企业竞争力的重要手段。在全球化背景下，企业面临着来自世界各地的激烈竞争。只有具备高质量的产品或服务，才能在市场中脱颖而出，赢得客户的青睐。质量控制不仅提升了产品的品质，还彰显了企业对品质的承诺和追求，这种对质量的坚持和追求将成为企业独特的竞争优势。

从供应链的角度来看，质量控制是实现供应链协同、提升整体绩效的关键环节。供应链中的每一个环节都紧密相连，任何一个环节的质量问题都可能对整个供应链造成不良影响。通过实施质量控制，企业能够与供应商建立更加紧密和互信的关系，促进信息的共享和协同工作，从而提升整个供应链的效率和灵活性。这种协同作用不仅能够提高企业的响应速度和客户满意度，还能降低库存成本、运输成本等供应链相关成本，进而提升企业的整体盈利能力。

采购过程的质量控制不仅关乎产品或服务的质量本身，更涉及到企业的成本控制、客户满意度提升、竞争力增强以及供应链协同等多个方面。因此，企业必须高度重视质量控制工作，在采购过程中始终坚持质量第一的原则，通过明确质量要求、严格选择供应商、实施质量检验与监控等一系列措施来确保采购产品或服务的质量达到预期标准。同时，企业还应不断探索和创新质量控制方法和技术手段，以适应不断变化的市场环境和客户需求，实现持续稳健的发展。

# 第三节 供应商的质量控制能力评估

## 一、供应商质量控制能力的重要性

在采购管理的诸多环节中，供应商的质量控制能力评估占据着举足轻重的地位。这一能力的强弱直接关系到采购产品或服务的质量，进而影响到企业的整体运营和市场竞争力。因此，深入理解和评估供应商的质量控制能力，对于采购方而言具有至关重要的意义。

供应商的质量控制能力是确保所采购产品或服务质量达标的基石。一个具备优秀质量控制能力的供应商，能够持续、稳定地生产出符合或超过采购方预期质量标准的产品。这种稳定性不仅体现在产品质量的均一性上，更体现在供应商对质量波动的敏锐洞察和迅速反应上。当生产过程中出现质量问题时，这样的供应商能够迅速识别问题根源，采取有效措施进行整改，从而确保产品质量的持续稳定。

强大的供应商质量控制能力有助于降低采购风险。在采购过程中，质量风险是采购方需要面临的重要风险之一。若供应商的质量控制能力不足，可能导致所供产品或服务存在质量缺陷，进而引发一系列问题，如退货、换货、客户投诉等。这不仅会增加采购方的成本负担，还可能损害其市场声誉和客户信任。而一个具备强大质量控制能力的供应商，则能够大大降低这类风险的发生概率，为采购方提供更为可靠的产品和服务。

评估供应商的质量控制能力还有助于优化供应链管理。在现代供应链管理中，各环节之间的紧密协作和信息共享至关重要。通过对供应商质量控制能力的评估，采购方可以更为准确地了解供应商的实际生产能力和质量水平，从而根据实际情况调整采购策略、优化库存管理、提高物流效率等。这种基于实际能力的供应链管理优化，不仅有助于提升采购方的运营效率，还能进一步增强其与供应商之间的战略合作关系。

从更长远的角度来看，选择具备强大质量控制能力的供应商也是企业实现可持续发展的重要保障。随着市场竞争的日益激烈和客户需求的不断变化，企业需要不断推出新产品、新服务以满足市场需求。而一个具备优秀质量控制能力的供应商，能够为企业提供持续稳定的高质量产品和服务支持，助力企业在市场竞争中占据有利地位。同时，这种长期稳定的合作关系也有助于企业和供应商共同实现技术创新和产业升级，推动整个供应链的持续发展和进步。

供应商的质量控制能力在采购过程中具有举足轻重的地位。它不仅直接关系到采购产品或服务的质量达标与否，还影响着采购风险的大小、供应链管理的优化以及企业的长远发展。因此，采购方必须高度重视供应商质量控制能力的评估工作，通过全面、客观的评估体系来筛选和培育具备优秀质量控制能力的供应商合作伙伴。这将为企业的稳定运营和持续发展提供有力保障。

## 二、供应商质量控制能力评估的指标体系

在评估供应商的质量控制能力时，需要构建一个全面且具体的指标体系，以便对供应商进行客观、准确的评价。

### 1. 质量管理体系认证

考察供应商是否通过了如 ISO 9001 等质量管理体系认证是至关重要的。这种认证不仅证明了供应商已经建立了一套完善的质量管理体系，而且还表明其质量管理水平达到了一定的国际标准。同时，我们还需要进一步核实认证的有效性和执行情况，以确保供应商在实际操作中严格遵守质量管理体系的要求。通过查阅相关认证文件和现场审核，可以全面了解供应商质量管理体系的真实性和有效性。

### 2. 质量检验与测试能力

供应商的质量检验与测试能力是确保产品质量的关键环节。我们需要评估供应商是否配备了完善的质量检验和测试设备，以及这些设备的先进

性和精确度。此外，供应商是否拥有专业的技术人员来操作这些设备，以及他们是否熟练掌握了相关的检验和测试方法，也是我们需要关注的重点。通过实地考察和样品测试，我们可以对供应商的质量检验与测试能力有一个直观且准确的了解。

### 3. 过程控制能力

过程控制能力是确保产品质量稳定性的核心要素。我们需要深入分析供应商在生产过程中对关键工艺参数的控制能力，以及他们是否采用了统计过程控制（SPC）等先进的质量管理工具。这些工具可以帮助供应商实时监控生产过程，及时发现并纠正潜在的质量问题，从而确保产品质量的稳定性。通过与供应商的技术人员进行深入交流，并查阅相关的过程控制记录和数据分析报告，我们可以对供应商的过程控制能力进行全面的评估。

### 4. 不合格品处理流程

一个完善的不合格品处理流程是供应商质量控制能力的重要组成部分。我们需要详细了解供应商对不合格品的识别、隔离、评审和处理流程，以确保在质量问题发生后能够迅速而有效地采取应对措施。同时，我们还需要关注供应商在质量问题发生后的改进措施和预防措施，以避免类似问题的再次发生。通过查阅供应商的不合格品处理记录和改进报告，我们可以对其不合格品处理流程的有效性和完善性进行评估。

### 5. 持续改进能力

需要考察供应商的持续改进能力。这包括供应商是否具备持续改进的思维和行动，是否积极实施质量改进项目，以及他们在质量成本控制和员工质量意识提升方面的努力。一个具备持续改进能力的供应商能够不断提高自身的质量管理水平，为客户提供更优质的产品和服务。通过与供应商的管理层进行深入交流，并查阅相关的持续改进计划和实施报告，我们可以对供应商的持续改进能力进行全面的了解。

通过构建一个包含质量管理体系认证、质量检验与测试能力、过程控制能力、不合格品处理流程和持续改进能力五个方面的评估指标体系，我们可以对供应商的质量控制能力进行全面、客观且准确的评估。这将有助于我们筛选出具备优秀质量控制能力的供应商，为企业的采购管理和产品质量提供有力保障。

## 三、供应商质量控制能力评估的实施步骤

在实施供应商质量控制能力评估时，应遵循一系列明确的步骤，以确保评估的全面性和准确性。

### 1. 收集信息

评估过程的首要任务是全面收集供应商在质量控制方面的相关信息。这一步骤可以通过多种方式进行，如发放问卷调查，以了解供应商的质量管理策略、实践和历史绩效。同时，现场考察也是不可或缺的一环，通过实地考察，评估团队可以直观地观察供应商的生产环境、设备状况以及员工操作等，从而获得更为直观和真实的信息。此外，与供应商的交流也是信息收集的关键环节，通过面对面的沟通或线上会议，可以深入了解供应商的质量控制理念、具体措施以及面临的挑战等。

### 2. 初步筛选

收集到信息后，接下来是对供应商进行初步筛选的阶段。这一阶段的主要目的是剔除那些明显不符合采购方质量要求的供应商。筛选标准应基于采购方的具体需求和标准，可能包括供应商的历史质量绩效、质量管理体系认证情况、设备和技术能力等。通过初步筛选，可以缩小评估范围，集中资源对更有可能满足采购方需求的供应商进行深入评估。

### 3. 深入评估

初步筛选后，对剩余的供应商进行深入评估是必要的。这一步骤涉及对供应商的质量管理体系文件、质量检验记录以及过程控制图表等进行详细审查和分析。评估团队应仔细检查这些文件，以验证供应商的质量管理体系是否健全、有效，并了解其在实际操作中的执行情况。此外，对供应商的历史质量数据和客户反馈进行深入研究也是至关重要的，这有助于评估团队更全面地了解供应商的质量控制能力和绩效。

### 4. 现场审核

尽管文件审查和信息分析提供了大量有价值的信息，但现场审核仍然是验证供应商质量控制能力真实性和有效性的关键环节。在现场审核过程中，评估团队应组织专家对供应商的生产现场、质量检测设备、员工操作等进行实地查看和验证。通过现场观察，评估团队可以更准确地判断供应商的质量控制水平，并发现可能存在的问题或改进点。

### 5. 综合评定与选择

在完成上述步骤后，评估团队需要对供应商的质量控制能力进行综合评定。这一评定应基于所有收集到的信息、文件审查结果以及现场审核发现。评定的标准应明确、客观，并确保与采购方的需求和期望保持一致。最终，根据综合评定的结果，采购方可以选择与质量控制能力最强的供应商建立长期合作关系，从而确保采购产品或服务的质量。

供应商质量控制能力的评估是一个系统而复杂的过程，需要采购方投入足够的资源和精力。通过遵循上述实施步骤，采购方可以更为准确地评估供应商的质量控制能力，并据此做出明智的采购决策。这不仅有助于保障采购产品或服务的质量，还能为采购方带来长期的竞争优势和市场地位。

## 四、结论与建议

经过对供应商质量控制能力的全面评估，我们得出以下结论与建议。

通过对供应商的质量控制体系、检验测试能力、过程管理能力、不合格品处理机制以及持续改进动力等多个维度的细致考察，采购方现在能够更准确地把握供应商的实际质量控制水平。这一评估过程不仅揭示了供应商在质量管理方面的优势和不足，而且为采购方提供了宝贵的数据支持和决策依据。基于评估结果，我们明确看到，与质量控制能力出色的供应商建立长期稳定的合作关系是至关重要的。这样的合作伙伴不仅能为采购方提供高质量的产品和服务，还能在共同推动产品质量持续提升的过程中发挥积极作用。通过深化合作，双方可以共享资源、交流经验，共同应对市场变化和挑战，从而实现互利共赢。

　　质量控制并非一劳永逸的过程。因此，我们强烈建议采购方定期对已合作的供应商进行质量控制能力的复查和再评估。这一做法旨在确保供应商能够持续满足采购方的要求，并在质量管理方面保持不断进步。通过定期的复查和评估，采购方可以及时发现并解决潜在的质量问题，从而维护供应链的稳定性和可靠性。在实施这些建议时，采购方应充分考虑自身的实际需求和资源状况，制定切实可行的实施方案。例如，可以设立专门的质量控制团队，负责与供应商的沟通和协调工作；建立完善的供应商评价体系，对供应商的质量控制能力进行动态监控；加强与优秀供应商的战略合作，共同推动质量管理水平的提升等。

　　通过对供应商质量控制能力的全面评估，采购方不仅能够更加明智地选择合作伙伴，还能在采购过程中实现更有效的质量控制。我们坚信，这些结论与建议将对采购方在提升采购质量、降低采购风险以及优化供应链管理等方面产生积极而深远的影响。同时，我们也期待在未来看到更多采购方与供应商之间建立起紧密而富有成效的合作关系，共同推动整个产业链的持续发展和进步。

第八章

采购绩效评估与改进

# 第一节　采购绩效评估的指标体系

## 一、采购绩效评估的意义

采购绩效评估，作为企业管理中不可或缺的一环，其重要性日益凸显。它不仅仅是对采购部门工作的一次简单考核，更是对企业整体运营效率的全面审视。通过科学、系统地评估采购工作的效果和效率，企业能够深入了解采购部门的工作状况，及时发现存在的问题和不足，从而为后续的改进工作提供有力的决策依据。

采购绩效评估有助于企业全面了解采购部门的工作状况。采购作为企业运营的关键环节，其工作质量和效率直接影响到企业的生产成本、产品质量和市场响应速度。通过绩效评估，企业可以清晰地看到采购部门在供应商选择、价格谈判、合同管理、交货期控制等各个方面的表现，从而全面把握采购工作的整体状况。

采购绩效评估能够及时发现存在的问题和不足。在评估过程中，通过对各项指标的对比分析，可以很容易地找出采购工作中存在的短板和瓶颈。这些问题可能是流程上的不合理、管理上的漏洞，或者是团队协作上的不足。只有及时发现问题，企业才能有针对性地进行改进，避免问题积压和恶化。

采购绩效评估为采购工作的改进提供了决策依据。评估结果不仅揭示了问题所在，还能帮助企业明确改进的方向和目标。企业可以根据评估结果制定具体的改进措施，如优化采购流程、加强供应商管理、提升团队协作能力等。这些改进措施将直接推动采购工作的质量和效率提升。

采购绩效评估还具有激励作用。通过对采购团队的绩效评估，可以明确每个成员的工作表现和贡献。这不仅能够增强团队成员的责任感和归属感，还能激发他们的工作热情和创新精神。在竞争激烈的市场环境中，一个充满活力、积极向上的采购团队将是企业宝贵的财富。

采购绩效评估对于企业整体运营水平和市场竞争力的提升具有重要意义。采购作为企业生产运营的重要一环，其效率和质量直接影响到企业的成本和效益。通过持续改进和优化采购工作，企业可以降低成本、提高产品质量和服务水平，从而在激烈的市场竞争中脱颖而出。

采购绩效评估不仅是对采购部门工作的一次全面体检，更是推动企业持续改进和提升的重要抓手。它能够帮助企业发现问题、明确改进方向、激励团队创新，进而提高企业整体运营水平和市场竞争力。因此，企业应该高度重视采购绩效评估工作，不断完善评估体系和方法，确保评估结果的客观性和准确性，为企业的持续发展注入新的动力。[①]

## 二、采购绩效评估的指标体系构建

在构建采购绩效评估的指标体系时，我们必须确保该体系的科学性、合理性和全面性。这一体系不仅应涵盖采购效率、采购质量、采购成本以及供应商管理等核心方面，还应细化到每个具体的指标，从而能够准确反映采购部门的整体绩效。

### 1. 采购效率指标

采购效率是评估采购工作的重要指标之一，它直接关系到企业运营的流畅性和响应速度。其中，采购周期时间是衡量采购流程效率的关键指标。它记录了从采购需求提出到最终物品到货的整个过程所需时间，这个时间越短，说明采购部门的运作效率越高，能够快速响应企业内部的需求变化。同时，订单处理时间也是反映采购部门工作效率的重要指标。它表示处理一个采购订单所花费的时间，包括订单的确认、审批、下单、跟踪等环节。一个高效的采购部门应该能够在最短时间内完成这些流程，确保采购活动的顺利进行。

---

① 范炜. 政府采购绩效评估机制构建[J]. 现代经济信息，2015(21)：69.

### 2. 采购质量指标

采购质量直接关系到企业产品的质量和客户满意度。因此，在评估采购绩效时，来料合格率成为一个不可或缺的指标。它反映了采购物品中合格品的比例，合格率高意味着采购部门在选择供应商和产品时有着严格的把控能力。此外，质量投诉率也是一个重要的质量指标，它记录了因采购物品质量问题而引起的客户投诉次数。一个低质量投诉率表明采购部门对采购物品的质量有着良好的控制和管理。

### 3. 采购成本指标

在采购绩效评估中，成本控制是一个核心要素。采购成本节约率是衡量采购部门在成本控制方面表现的重要指标。通过对比预算成本和实际采购成本，可以清晰地看到采购部门在节约成本方面的努力。同时，单位价格变动率也是一个值得关注的指标，它监测了采购物品单位价格的变化情况。这个指标有助于企业分析市场价格波动对采购成本的影响，并为未来的采购策略提供参考。

### 4. 供应商管理指标

供应商管理是采购工作中的重要环节，它直接影响到采购活动的稳定性和效率。供应商准时交货率是考察供应商合作态度和履约能力的重要指标。一个高准时交货率意味着供应商能够按照约定的时间交货，从而确保企业生产的顺利进行。此外，供应商质量合格率也是评估供应商产品质量水平的关键指标。通过统计供应商提供的产品中合格品的比例，企业可以对供应商的产品质量有一个全面的了解。最后，供应商服务满意度是通过问卷调查等方式收集的对供应商服务的评价。这个指标有助于企业了解供应商的服务质量和响应速度，从而为未来的供应商选择和合作提供参考。

构建一个科学、合理的采购绩效评估指标体系是确保采购工作高效、高质量进行的关键。通过细化到每个具体的指标，企业能够全面、客观地评估采购部门的绩效，并为后续的改进工作提供有力的数据支持。这样的指标体系不仅有助于提升采购部门的工作效率和质量，还能为企业的整体运营和市场竞争力的提升奠定坚实的基础。

## 三、绩效评估方法的选用与实施

在完成了采购绩效评估指标体系的构建之后，下一步的关键是选用合适的评估方法并有效地实施。评估方法的选择将直接影响绩效评估的准确性和有效性，因此，企业必须根据自身情况，选择最适合的评估工具。

### 1. 关键绩效指标(KPI)法

关键绩效指标法是一种将组织的战略目标分解为具体、可衡量的关键绩效指标，并通过对这些指标的持续监测和评估来推动组织目标实现的方法。在采购绩效评估中，KPI法能够帮助企业聚焦于那些对采购绩效产生直接影响的关键因素。

实施KPI法时，企业首先需要明确采购部门的核心职责和目标，然后从中提炼出关键绩效指标。这些指标应该具有可衡量性、相关性、可实现性和时限性。例如，可以将"采购成本节约率"、"供应商准时交货率"等作为关键绩效指标。接着，设定每个指标的具体目标和达标标准，并定期对实际绩效进行量化评估。通过这种方式，企业可以清晰地了解到采购部门在哪些方面表现良好，哪些方面需要改进。

### 2. 平衡计分卡(BSC)法

平衡计分卡法是一种综合性的绩效评估工具，它将组织的战略目标分解为可操作的具体目标，并为每个目标制定清晰的绩效衡量指标。与KPI法相比，平衡计分卡法更注重从多个角度(如财务、客户、内部业务流程、学习与成长)来全面评估组织的绩效。

在采购绩效评估中运用平衡计分卡法，企业可以从不同维度来审视采购部门的绩效。例如，在财务维度，可以关注采购成本的控制和节约情况；在客户维度，可以考察供应商满意度和内部客户满意度；在内部业务流程维度，可以评估采购流程的效率和质量控制情况；在学习与成长维度，可以关注采购团队的能力提升和培训计划执行情况。实施平衡计分卡法时，企业需要为每个维度设定明确的目标和衡量指标，并定期收集数据进行评估。通过这种方式，企业可以获得对采购绩效更全面、更深入的了解，并为后续的改进工作提供有力的支持。

### 3. 绩效评估方法的实施要点

无论是选择 KPI 法还是平衡计分卡法，企业在实施绩效评估时都需要注意以下几个要点：

(1)明确评估目的：在实施绩效评估之前，企业必须明确评估的目的和目标。这有助于确保评估工作的针对性和有效性。

(2)全员参与：绩效评估不仅仅是管理层的工作，还需要采购部门全体员工的积极参与。通过全员参与，可以增强员工的责任感和归属感，提高评估的准确性。

(3)数据驱动：在评估过程中，企业应注重数据的收集和分析。通过客观的数据来支持评估结果，可以提高评估的公信力和说服力。

(4)及时反馈与调整：绩效评估是一个持续的过程，企业需要及时将评估结果反馈给采购部门，并根据评估结果进行相应的调整和改进。这有助于确保采购绩效的持续提升。

选用合适的绩效评估方法并有效实施是提升采购绩效的关键环节。企业应根据自身情况选择最适合的评估方法，并注重评估过程中的全员参与、数据驱动和及时反馈与调整。通过这种方式，企业可以全面了解采购部门的绩效状况，为后续的改进工作提供有力的支持，从而推动企业整体运营水平的提升。[①]

### 四、结论与展望

在深入探讨采购绩效评估的指标体系及其评估方法之后，我们可以得出以下结论：建立完善的采购绩效评估指标体系，并运用科学的评估方法，对于企业客观评价采购部门的工作绩效具有至关重要的意义。这一体系不仅能够帮助企业全面、系统地衡量采购部门在效率、质量、成本和供应商管理等多个方面的表现，更能通过数据分析，精准地识别存在的问题

---

[①] 李建龙. 企业采购绩效评估原则[J]. 中国物流与采购，2014(01)：76—77.

和不足，从而为企业制定针对性的改进措施提供有力的依据。通过实施有效的采购绩效评估，企业可以更加清晰地了解采购流程中的瓶颈和短板，及时调整策略，优化资源配置，进而提高整体运营效率。同时，这也能够激励采购团队不断提升自身能力，以更好地满足企业发展需求。

展望未来，随着市场环境的不断变化和企业发展的需求增长，采购绩效评估将面临更多的挑战和机遇。在全球化、网络化日益普及的背景下，企业需要不断适应新的市场环境，对采购绩效评估体系进行持续优化和创新。一方面，企业应关注新技术、新方法的应用，如大数据分析、人工智能等，这些技术可以帮助企业更高效地收集、处理和分析采购数据，提高绩效评估的准确性和效率。另一方面，企业也需要根据自身的发展战略和市场定位，调整和优化评估指标，以确保采购绩效评估体系与企业的整体目标保持一致。此外，随着供应链管理的日益重要，企业还应加强与供应商的合作与沟通，将供应商绩效纳入评估体系，以全面提升供应链的稳定性和竞争力。

采购绩效评估是企业管理中不可或缺的一环。通过建立完善的评估指标体系和运用科学的评估方法，企业可以不断提升采购绩效，为企业的持续发展和市场竞争力的提升奠定坚实基础。未来，随着市场环境的不断变化，企业需要保持敏锐的市场洞察力，持续优化和创新采购绩效评估体系，以适应新的市场环境和企业发展需求，从而实现采购管理的长足进步。

# 第二节　采购绩效评估的实施步骤

采购绩效评估的实施，是为了确保采购部门能够高效、经济地完成采购任务，同时不断优化采购流程。

## 一、明确评估目标和标准

在进行采购绩效评估时，遵循明确的实施步骤是至关重要的。这不仅可以确保评估的准确性和有效性，还可以帮助企业系统地识别并改进采购过程中的问题和不足。采购绩效评估的首要步骤是明确评估的具体目标和设定清晰的评估标准。这一步骤是评估过程的基础，为后续的数据收集、分析和改进提供了明确的方向。

### 1. 确定评估的具体目标

在开始评估之前，企业必须首先明确评估的具体目标。这些目标应该与采购部门的业务目标和企业的整体战略紧密相关。例如，企业可能希望通过评估来识别成本节约的潜力，或者优化与供应商的合作方式。明确的目标有助于确保评估过程的有的放矢，避免盲目性和无效性。在确定评估目标时，企业需要考虑多个方面，包括采购成本、供应商管理、交货期、产品质量等。每个目标都应该是具体、可衡量的，以便在评估过程中进行量化分析和比较。例如，企业可以设定一个具体的成本节约目标，如降低采购成本 5%，或者设定一个提高供应商响应速度的目标，如缩短交货期 10%。

### 2. 设定明确的绩效评估标准

设定明确的绩效评估标准是确保评估结果客观、公正的关键。这些标准应该与采购部门的业务目标和企业的整体战略相一致，以确保评估结果能够真实反映采购部门的绩效水平。在设定评估标准时，企业需要综合考虑行业标准、历史数据以及企业的实际情况。例如，对于采购成本这一指标，企业可以参考行业平均水平或竞争对手的数据来设定一个合理的成本标准。同时，企业还可以根据自身的业务需求和战略目标来制定更具针对性的评估标准。

除了具体的数值标准外，企业还可以设定一些定性的评估标准，如供应商的服务质量、采购流程的规范性等。这些定性标准可以通过问卷调查、专家评估等方式进行衡量，以提供更全面的绩效评估结果。在明确评估目标和标准的过程中，企业还需要注意以下几点：首先，要确保评估目标和标准的可行性和可达成性，避免设定过高或过低的目标和标准；其次，要保持评估目标和标准的稳定性和连续性，以便进行长期的绩效评估和改进；最后，要定期对评估目标和标准进行审查和更新，以适应市场环境和企业需求的变化。

明确评估目标和标准是采购绩效评估实施步骤中的关键环节。通过设定具体、可衡量的目标和清晰、客观的评估标准，企业可以确保采购绩效评估的准确性和有效性，为后续的数据收集、分析和改进奠定坚实的基础。[①]

## 二、收集与分析数据

在明确了采购绩效评估的目标和标准之后，接下来的关键步骤就是系统地收集与分析数据。这一过程对于确保评估的准确性和客观性至关重要，因为它提供了评估采购绩效所需的实证基础。

### 1. 系统地收集与采购活动相关的数据

数据收集是采购绩效评估的核心环节之一。为了确保数据的全面性和准确性，企业需要建立一套完善的数据收集机制，涵盖采购成本、交货时间、产品质量等各个方面。这些数据不仅反映了采购活动的直接成果，也是后续分析和改进的重要依据。在收集数据时，企业应注意数据的来源和准确性。一方面，可以通过企业的内部系统，如企业资源计划（ERP）系

---

① 薛菁. 浅论政府采购绩效评价[J]. 福州党校学报，2010(02)：27−31.

统、供应链管理系统(SCM)等，自动记录和汇总相关数据。另一方面，也可以通过与供应商、物流公司等合作伙伴的沟通，获取更全面的外部数据。此外，定期的市场调研和行业分析也是获取有价值数据的重要途径。

除了传统的数据收集方法外，企业还可以利用现代技术手段，如物联网(IoT)设备、大数据分析平台等，实现数据的实时采集和高效处理。这些技术的应用不仅可以提高数据收集的效率和准确性，还能帮助企业及时发现问题并做出相应的调整。

### 2. 利用数据分析工具对这些数据进行深入分析

数据分析是采购绩效评估中不可或缺的一环。通过对收集到的数据进行深入分析，企业可以更加清晰地了解采购过程中的优势和短板，为后续的改进工作提供有力的支持。在进行数据分析时，企业应选择合适的分析工具和方法。例如，可以利用统计软件对数据进行描述性分析、相关性分析等，以揭示数据之间的内在联系和规律。同时，还可以运用数据挖掘技术来发现隐藏在大量数据中的有用信息。此外，为了更好地理解数据背后的业务逻辑和问题根源，企业还可以结合具体的采购案例和业务知识进行定性分析。通过定量与定性相结合的分析方法，企业可以更加全面地评估采购绩效，并制定出更具针对性的改进措施。值得一提的是，数据分析的过程并非一蹴而就。企业需要建立持续的数据监控和分析机制，以便及时跟踪采购绩效的变化情况，并做出相应的调整。同时，随着市场环境的变化和企业发展的需求，数据分析的焦点和方法也需要不断地进行更新和优化。

系统地收集与分析数据是采购绩效评估实施步骤中的关键环节。通过这一步骤，企业可以获取全面、准确的数据支持，为后续的评估工作奠定坚实的基础。同时，数据分析的结果还可以为企业制定改进措施、优化采购流程提供重要的参考依据。

### 三、选择评估方法

在采购绩效评估的实施步骤中，选择适合的评估方法是至关重要的一环。评估方法的选择将直接影响到评估结果的准确性和有效性，因此必须谨慎而周密地进行。

**1. 根据评估目标和可用数据选择合适的评估方法**

在选择评估方法时，首先要考虑的是评估的具体目标和所掌握的数据情况。不同的评估目标需要不同的评估方法来衡量，而数据的可用性和完整性也会限制或影响方法的选择。例如，如果评估目标是衡量采购成本的控制情况，那么可以采用关键绩效指标（KPI）分析，重点关注采购成本节约率、单价变动等指标。若评估目标是全面衡量采购部门的综合绩效，则可以考虑使用平衡计分卡，它能够从多个角度（如财务、客户、内部业务流程、学习与成长）对绩效进行综合评价。此外，还可以根据具体情况选择其他评估方法，如把 360 度反馈法用于评估采购人员的综合能力，或者把数据包络分析（DEA）用于评价采购部门的相对效率等。重要的是要确保所选方法与评估目标紧密相关，并能够充分利用现有数据进行有效分析。

**2. 确保所选方法能够全面、客观地反映采购部门的绩效**

评估方法的客观性和全面性是确保评估结果可信度的关键。一个好的评估方法应该能够真实、全面地反映采购部门的实际工作绩效，避免主观偏见和片面性。为了确保评估方法的客观性，可以采用量化指标来衡量绩效，如采购成本、交货准时率等，这些指标可以通过实际数据进行验证和对比。同时，也可以结合一些定性的评估手段，如专家评审、员工反馈等，以获取更全面的绩效信息。为了确保评估方法的全面性，需要从多个维度对采购部门的绩效进行考察。除了传统的成本、质量和交货期等维度外，还可以考虑供应商管理、风险管理、创新能力等方面。通过构建一个多维度的评估体系，可以更加全面地了解采购部门的整体绩效表现。在选择评估方法时，还需要注意方法的可行性和可操作性。有些方法虽然理论上很完善，但在实际操作中可能面临数据获取困难、计算复杂等问题。因此，在选择评估方法时，要充分考虑企业的实际情况和资源限制，选择既科学又实用的评估方法。

选择适合的评估方法是采购绩效评估实施步骤中的关键一环。通过根据评估目标和可用数据选择合适的方法，并确保所选方法的客观性和全面性，可以为企业提供一个准确、有效的采购绩效评估结果，为后续的改进和优化工作提供有力的支持。

## 四、实施评估

实施评估是采购绩效评估实施步骤中的核心环节，它涉及到对采购部门绩效的具体衡量和分析。在这一阶段，我们将按照选定的评估方法，对采购部门的绩效进行量化评估，并通过对比评估结果与预设标准的差异，深入剖析其中的原因，以便为后续的改进措施提供有力的依据。

### 1. 按照选定的评估方法进行量化评估

在实施评估阶段，我们首先要根据之前选定的评估方法，对采购部门的绩效进行量化评估。这意味着我们需要将采购部门的各项绩效指标转化为具体的数值或评分，以便进行客观的比较和分析。例如，如果我们选择了关键绩效指标（KPI）分析作为评估方法，那么就需要针对每个KPI收集实际数据，并计算出具体的指标值。这些指标可能包括采购成本节约率、供应商交货准时率、产品质量合格率等。通过将这些指标与预设的标准或行业平均水平进行对比，我们可以初步了解采购部门在各个方面的绩效表现。同样地，如果我们采用了平衡计分卡作为评估工具，那么就需要从财务、客户、内部业务流程、学习与成长四个角度对采购部门的绩效进行量化评估。这涉及到对多个指标的综合考量，如采购成本、客户满意度、内部流程效率、员工培训和发展等。通过这种方式，我们可以获得一个更加全面和平衡的采购部门绩效评估结果。

### 2. 对比评估结果与预设标准的差异，并分析原因

在完成了量化评估之后，下一步是将评估结果与预设的标准进行对比，以发现其中的差异。这些差异可能表现在某些指标未达到预期目标，或者与行业标准存在较大差距等方面。针对这些差异，我们需要进行深入的原因分析。这包括但不限于以下几个方面：首先，要检查采购流程是否存在不合理或低效的环节，如供应商选择、订单处理、物流管理等；其

次，要分析采购人员的专业技能和知识水平是否满足当前工作的要求，是否存在提升的空间；最后，还要考虑外部环境的变化对采购绩效的影响，如市场价格的波动、供应商的经营状况等。原因分析的过程中，我们可以采用多种方法，如鱼骨图、5W1H分析法等，以帮助我们系统地识别和梳理问题所在。同时，还可以邀请相关部门和人员参与讨论，共同寻找问题的根源和解决方案。通过实施评估并对比评估结果与预设标准的差异，我们可以清晰地了解采购部门在哪些方面表现良好，哪些方面需要改进。这为后续的改进措施提供了明确的方向和目标。

实施评估是采购绩效评估实施步骤中的关键环节。通过量化评估和对比分析，我们可以准确地掌握采购部门的绩效状况，并找出存在的问题和不足。这为后续的改进工作奠定了坚实的基础，有助于推动采购部门的持续优化和提升。同时，实施评估也是一个动态的过程，需要定期进行以确保采购绩效的持续改进和适应变化的市场环境。

## 五、反馈与改进

在完成采购绩效评估之后，反馈与改进环节显得尤为重要。这一阶段不仅关乎评估结果的落实，更是实现采购绩效持续提升的关键。

### 1. 将评估结果反馈给采购部门

必须将详细的评估结果及时反馈给采购部门。这一步骤的目的是让采购团队了解自身的工作表现，明确在哪些方面达到了预期目标，哪些方面仍存在不足。反馈过程应确保信息的准确性和完整性，以便采购部门能够全面把握当前的工作状况。在反馈时，除了提供具体的评估数据外，还应指出存在的问题和改进方向。这可以帮助采购部门更加明确地识别需要改进的环节，从而有针对性地制定提升计划。同时，积极的反馈也能激励采购团队在未来的工作中持续改进，追求卓越。

### 2. 根据评估结果制定改进措施

在接收到评估反馈后，采购部门应迅速行动，根据评估结果制定具体的改进措施。这些措施可能涉及采购流程的优化、供应商管理的加强、成本控制策略的改进等方面。制定改进措施时，需要充分考虑实际情况和资源限制，确保措施的可行性和有效性。为了保障改进措施的实施效果，还应设定明确的时间表和责任人。时间表可以确保改进措施按计划推进，避免出现拖延或遗漏的情况。而明确责任人则可以增强团队成员的责任感，确保每项改进措施都能得到有效执行。

### 3. 定期回顾和更新评估标准和方法

为了确保采购绩效评估体系的持续有效性和适应性，必须定期回顾和更新评估标准和方法。市场环境和企业需求的变化可能导致原有的评估标准和方法不再适用。因此，需要定期审视并调整评估体系，以确保其始终与业务需求和市场环境保持一致。在回顾和更新过程中，应充分考虑行业发展趋势、企业战略调整以及采购部门自身的成长等因素。同时，还可以借鉴行业内的最佳实践和其他企业的成功经验，不断完善和优化评估标准和方法。此外，回顾和更新的过程也是一个持续学习和改进的过程。通过不断总结经验教训，采购部门可以更加明确未来的发展方向和提升重点。同时，定期的回顾和更新也有助于保持评估体系的动态性和灵活性，从而更好地适应不断变化的市场环境和企业需求。

反馈与改进是采购绩效评估实施步骤中的关键环节。通过将评估结果及时反馈给采购部门并制定具体的改进措施，可以推动采购绩效的持续提升。同时，定期回顾和更新评估标准和方法则能确保评估体系的时效性和准确性。这些步骤共同构成了采购绩效评估与改进的完整循环，为企业的持续发展和竞争力提升提供了有力保障。

## 六、持续监控与调整

持续监控与调整是采购绩效评估体系中的最后一环，也是确保评估体系持续有效和适应变化的关键环节。通过建立持续的监控机制、定期评估和调整评估标准，企业可以保持采购绩效评估体系的动态性和前瞻性，从而更好地支持采购部门的工作并推动企业的整体发展。

**1. 建立持续的监控机制**

为了确保采购部门的绩效持续提升，必须建立一套持续的监控机制。这一机制应定期对采购部门的各项绩效指标进行评估，以便及时发现问题并采取相应的改进措施。通过持续的监控，企业可以实时掌握采购部门的工作状况，确保其始终沿着既定的目标前进。在实施持续监控时，应重点关注关键绩效指标(KPI)的变动情况。这些指标可能包括采购成本、交货准时率、供应商合作满意度等。一旦发现某些指标出现异常波动，就应立即进行深入分析，找出问题的根源，并采取有效的措施进行改进。

**2. 根据市场变化和企业战略调整评估标准和目标**

市场环境和企业战略的变化是不可避免的，这就要求采购绩效评估体系必须具备一定的灵活性和适应性。当市场或企业战略发生变化时，企业应及时调整采购绩效评估的标准和目标，以确保评估体系能够真实反映采购部门在新的市场环境和战略背景下的工作表现。例如，当企业决定进军新的市场领域时，可能需要对供应商的选择、产品质量和交货期等提出更高的要求。这时，采购绩效评估体系就应相应地调整这些方面的评估标准，以引导采购部门更好地支持企业的新业务拓展。

**3. 定期回顾和更新评估标准和方法**

除了根据市场和战略变化进行调整外，企业还应定期回顾和更新采购绩效评估的标准和方法。这是因为随着企业的发展和市场的变化，原有的评估标准和方法可能逐渐暴露出局限性或不再适用。通过定期回顾和更新，可以确保评估体系始终与企业的业务需求和市场环境保持一致。在回顾和更新评估标准和方法时，企业应充分考虑行业发展趋势、最佳实践以及采购部门自身的成长等因素。同时，还可以借助外部专家的意见和建议，以便更加全面、客观地审视和完善评估体系。此外，为了确保评估体系的持续改进和优化，企业还应鼓励采购部门和其他相关部门积极参与评估标准的制定和更新过程。这不仅可以增强评估体系的针对性和实用性，还能提高团队成员对评估结果的认同感和执行力。

持续监控与调整是确保采购绩效评估体系有效性和适应性的重要环

节。通过建立持续的监控机制、根据市场变化和企业战略调整评估标准和目标以及定期回顾和更新评估标准和方法等措施,企业可以构建一个动态、灵活且富有前瞻性的采购绩效评估体系,从而更好地支持采购部门的工作并推动企业的整体发展。通过以上步骤,企业可以系统地实施采购绩效评估,不断优化采购流程,提高采购效率和效果。这一过程不仅需要采购部门的积极参与,还需要与其他相关部门(如财务、生产等)紧密合作,共同推动采购绩效的持续提升。

# 第三节　采购绩效的改进措施与建议

## 一、优化采购流程

在采购绩效评估后，针对发现的问题和不足，采取有效的改进措施是至关重要的。这些措施旨在优化采购流程、提高采购效率和降低采购成本，从而增强企业的竞争力。采购流程的优化是提高采购绩效的关键环节。一个高效、简洁的采购流程能够显著减少不必要的时间和资源浪费，提升采购响应速度和准确性。为了实现这一目标，可以从简化采购程序和引入电子化采购系统两个方面入手。

### 1. 简化采购程序

在传统的采购流程中，往往存在过多的审批环节和冗余的步骤，这不仅降低了采购效率，还增加了出错的可能性。因此，简化采购程序成为优化采购流程的首要任务。

(1)精简审批环节：通过重新审视和评估现有的审批流程，去除那些不必要或重复的审批环节。例如，对于某些常规性、低价值的采购项目，可以考虑减少审批层级，甚至实行自动审批，以缩短采购周期。

(2)明确各环节职责：在简化程序的同时，需要明确各个环节的职责和权限，确保流程的顺畅进行。通过合理分配任务和明确责任，可以避免流程中的推诿和延误现象。

(3)标准化操作流程：制定标准化的操作流程和规范，使采购人员能够清晰、准确地执行每一步操作。这不仅可以提高工作效率，还能减少人为错误和不必要的沟通成本。

### 2. 引入电子化采购系统

随着信息技术的发展，电子化采购系统已成为提升采购效率和透明度的重要工具。通过引入电子化采购系统，可以实现采购流程的自动化、信息化和智能化，从而进一步提高采购绩效。

(1)自动化流程管理：电子化采购系统可以自动处理采购流程中的各个环节，如需求申请、审批、订单生成、收货确认等。这大大减少了人工操作的时间和成本，提高了工作效率。

(2)实时数据更新与共享：通过电子化系统，采购数据可以实时更新和共享，确保各部门之间的信息畅通无阻。这有助于及时发现和解决问题，减少沟通误差和延误。

(3)透明化与监控：电子化采购系统提供了透明的采购过程和数据记录，便于管理层对采购活动进行实时监控和分析。这有助于增强企业的内部控制和风险管理能力。

(4)智能分析与决策支持：高级的电子化采购系统还具备智能分析功能，能够为企业提供数据驱动的采购决策支持。通过对历史采购数据的挖掘和分析，企业可以更加科学地制定采购策略和预算计划。

通过简化采购程序和引入电子化采购系统两大措施，可以有效地优化企业的采购流程。这不仅能够提高采购效率和透明度，还能降低采购成本并增强企业的竞争力。在未来的发展中，随着技术的不断进步和市场需求的变化，企业还应不断探索和创新采购流程的优化方法，以适应日益复杂多变的商业环境。

## 二、降低成本

在采购管理中，降低成本是一个核心目标，它直接关系到企业的盈利能力和市场竞争力。为了实现这一目标，可以采取多元化采购渠道和集中采购等策略。

## 1. 多元化采购渠道

多元化采购渠道是指企业通过多种途径寻找和选择供应商，以增加采购的灵活性和议价能力。这一策略的实施，可以显著降低采购成本，提高采购效率。

(1)开发新的供应商：企业不应仅限于与现有的几家供应商合作，而应积极寻找和开发新的供应商。通过扩大供应商网络，企业可以增加采购的选择范围，从而更容易找到价格更合理、质量更可靠的供应商。此外，新供应商的引入还可以激发市场竞争，促使现有供应商提供更好的价格和服务。

(2)增加议价能力：多元化采购渠道使企业在与供应商的谈判中处于更有利的地位。由于有多个供应商可选，企业可以根据不同供应商的价格、质量和服务等因素进行综合比较，从而在与供应商的谈判中争取到更优惠的价格和更优质的服务。这种议价能力的提升，直接有助于降低采购成本。

## 2. 集中采购

集中采购是指企业将分散的采购需求集中起来，进行统一采购。这种采购方式可以充分发挥规模经济的优势，降低单位成本，提高采购效益。

(1)降低单位成本：通过集中采购，企业可以将多个部门或分公司的采购需求汇总起来，形成较大的采购量。这种大规模的采购往往能够享受到供应商提供的更优惠的价格和更完善的服务。因此，集中采购有助于降低单位产品的采购成本，提高企业的盈利能力。

(2)提高采购规模效益：集中采购不仅可以降低单位成本，还可以提高采购的规模效益。当企业集中采购时，可以更加有效地管理供应链，减少库存和物流成本。同时，与供应商的长期合作关系也有助于稳定供应和质量控制，从而进一步降低采购风险和管理成本。

在实施降低成本策略时，企业还应注意以下几点：首先，要确保采购的产品或服务符合企业的质量标准和业务需求；其次，要与供应商建立良好的合作关系，确保供应的稳定性和可靠性；最后，要持续关注市场动态和供应商的变化，及时调整采购策略以适应不断变化的市场环境。

通过多元化采购渠道和集中采购等策略的实施，企业可以有效地降低采购成本，提高采购效益。这些策略的运用需要企业在实践中不断探索和完善，以实现采购管理的持续优化和成本的不断降低。在未来的发展中，随着市场竞争的加剧和供应链管理的不断创新，企业还需不断探索新的降低成本的方法和途径以适应日益复杂多变的商业环境。

## 三、提高采购质量

提高采购质量是采购管理中的重要环节，它直接关乎到企业的生产运营和最终产品的品质。为了确保采购物品的高质量，企业可以从加强供应商质量审核和实施采购物品质量检验两个方面入手。

### 1. 加强供应商质量审核

供应商是采购质量控制的源头，因此，建立严格的供应商准入机制至关重要。这一机制的建立，旨在从源头上筛选出具备高质量生产能力和稳定供应能力的供应商，为后续采购活动的顺利进行奠定坚实基础。

（1）设定明确的供应商准入标准：企业应首先明确供应商的质量管理体系、生产能力、交货期、售后服务等关键指标，以此作为评估供应商的基本依据。这些标准应具体、可量化，并具有一定的灵活性，以适应不同采购项目的需求。

（2）实施严格的供应商审核流程：在供应商选择过程中，企业应组织专业团队对潜在供应商进行实地考察，全面评估其生产环境、工艺流程、质量控制体系等。同时，通过与供应商的沟通交流，了解其经营理念、服务态度和合作意愿，从而确保所选供应商不仅具备高质量的生产能力，还能与企业建立长期稳定的合作关系。

(3)持续监控与调整供应商名单：供应商的质量表现并非一成不变，因此，企业需要定期对供应商进行评估和审核。对于质量表现不佳的供应商，应及时采取措施进行整改或淘汰，以确保供应商队伍的整体质量水平。

**2. 实施采购物品质量检验**

除了加强供应商质量审核外，企业还应对采购的物品进行严格的质量检验，以确保采购物品的质量符合企业要求。这一环节的实施，可以有效防止不良品进入生产流程，从而保障最终产品的品质。

(1)制定详细的质量检验标准和流程：企业应根据采购物品的种类和用途，制定相应的质量检验标准和流程。这些标准和流程应具有可操作性和可重复性，以确保每次采购的物品都能经过统一的质量检验标准。

(2)配备专业的质量检验人员和设备：质量检验工作的准确性和有效性，很大程度上取决于检验人员的专业水平和检验设备的先进性。因此，企业应投入必要的资源，培养专业的质量检验团队，并配备先进的检验设备，以确保质量检验工作的顺利进行。

(3)严格执行质量检验流程并记录结果：在采购物品到货后，质量检验人员应按照既定的检验流程进行操作，并对检验结果进行详细记录。对于检验合格的物品，方可办理入库手续；对于检验不合格的物品，应及时与供应商沟通协商，采取退货、换货等处理措施。

(4)定期对质量检验工作进行总结和改进：企业应定期对质量检验工作进行总结和分析，针对发现的问题和不足，及时采取措施进行改进。同时，通过与其他部门的沟通交流，不断优化质量检验流程和方法，提高采购质量的整体控制水平。

通过加强供应商质量审核和实施采购物品质量检验两大措施，企业可以有效地提高采购质量。这不仅能够保障企业的生产运营顺利进行，还能提升最终产品的品质和市场竞争力。在未来的发展中，随着市场需求的不断变化和消费者对产品品质要求的提高，企业还应持续关注和改进采购质量控制体系以适应新的市场挑战。

## 四、加强供应商管理

在采购管理中，供应商的有效管理对于保障采购活动的顺利进行和提升企业整体运营效率至关重要。为了加强供应商管理，企业应建立供应商评价体系，并与供应商建立长期合作关系，从而确保供应链的稳定性和可靠性。

### 1. 建立供应商评价体系

一个完善的供应商评价体系可以帮助企业全面、客观地评估供应商的表现，为企业的采购决策提供有力支持。通过建立这样的体系，企业能够定期对供应商的服务质量、产品质量和交货期等关键指标进行评价，进而根据评价结果及时调整供应商选择策略。

(1)确立评价指标：企业需要明确评价供应商的具体指标，这些指标应涵盖供应商的产品质量、交货准时性、服务响应速度、售后服务质量以及价格合理性等方面。这些指标的确立应基于企业的实际需求和采购目标，确保评价体系的针对性和实用性。

(2)数据收集与整理：在进行供应商评价时，数据的收集与整理是至关重要的。企业应通过问卷调查、实地考察、历史交易数据分析等多种方式，全面收集关于供应商的各项指标数据。同时，要确保数据的真实性和准确性，以便为后续的评价工作提供可靠依据。

(3)定期开展评价：企业应定期(如每季度或每年)对供应商进行评价，以便及时发现供应商存在的问题并采取相应措施。评价过程中，要遵循公平、公正、公开的原则，确保评价结果的客观性和可信度。

(4)评价结果应用：评价完成后，企业应根据评价结果对供应商进行分类管理，如划分为优秀供应商、合格供应商和不合格供应商等。针对不同类别的供应商，企业应采取不同的管理策略，如优先合作、加强沟通或终止合作等。

**2. 与供应商建立长期合作关系**

与供应商建立长期合作关系有助于稳定供应链，降低采购风险，并提高采购效率。通过签订长期合同或战略合作协议，企业可以与供应商建立更加紧密的合作纽带，共同应对市场变化和挑战。

(1)选择合适的供应商：在与供应商建立长期合作关系之前，企业应对潜在供应商进行深入调查和评估，确保其具备稳定的生产能力、良好的质量控制体系和可靠的信誉。通过严格的筛选和比较，选择出最适合企业需求的供应商作为长期合作伙伴。

(2)明确合作条款与责任：在签订长期合同或战略合作协议时，企业应明确双方的权利和义务、质量标准、交货期限、价格及付款方式等关键条款。同时，要约定违约责任和解决纠纷的方式，以确保双方合作的顺利进行。

(3)加强沟通与协作：在长期合作过程中，企业应与供应商保持密切的沟通与协作。双方应定期召开会议，共同讨论采购计划、生产进度、质量问题等关键事项，以便及时调整合作策略并解决问题。通过有效的沟通与协作，可以增强双方的信任和默契度，提升合作效果。

(4)共同应对市场变化：市场环境的不断变化可能会对企业和供应商的合作带来挑战。因此，双方应共同关注市场动态和行业趋势，及时调整采购和生产策略以适应市场需求。同时，要积极探索新的合作模式和创新点，以提高双方在市场上的竞争力。

通过建立供应商评价体系和与供应商建立长期合作关系两大措施，企业可以有效地加强供应商管理并提升采购绩效。这不仅能够保障企业的采购活动顺利进行，还能提高企业的整体运营效率和市场竞争力。在未来的发展中，随着市场环境的不断变化和供应链管理的不断创新，企业还需不断探索和完善供应商管理的方法和策略以适应日益复杂多变的商业环境。

## 五、加强内部沟通与协作

在采购管理中，加强内部沟通与协作是提高采购效率和效果的关键因素。为了实现采购活动的顺利进行，企业需要建立跨部门协作机制，并定期开展采购培训，以提升采购团队的整体能力。

### 1. 建立跨部门协作机制

采购活动往往涉及多个部门，如生产、销售、财务等。为了确保各部门之间的顺畅沟通和有效协作，企业应建立一套跨部门协作机制。这一机制的建立旨在打破部门壁垒，促进信息共享，从而提高采购决策的科学性和采购执行的效率。

(1)明确各部门职责与分工：企业应明确各部门的职责范围和工作分工，以避免出现工作重叠或遗漏。采购部门应负责供应商的选择、价格谈判、合同签订等核心工作，而其他部门则应提供必要的技术支持、财务审核和市场分析等辅助工作。

(2)建立信息共享平台：为了实现跨部门的信息共享，企业应建立一个统一的信息平台，用于发布采购需求、供应商信息、市场动态等相关数据。各部门可以通过该平台实时获取所需信息，从而提高决策效率和准确性。

(3)定期召开跨部门会议：企业应定期召开跨部门会议，以便各部门就采购活动中的关键问题进行深入讨论和协商。通过面对面的沟通与交流，可以及时发现并解决潜在的问题和矛盾，确保采购活动的顺利进行。

### 2. 定期开展采购培训

采购人员是采购活动的核心执行者，他们的专业技能和市场敏感度直接影响着采购任务的完成情况。因此，企业应定期开展采购培训，以提升采购人员的综合素质和业务能力。

（1）设定明确的培训目标：企业应根据采购人员的实际需求和岗位特点，设定明确的培训目标。这些目标应涵盖采购流程、供应商管理、价格谈判、合同管理等关键领域，以确保培训内容的针对性和实用性。

（2）采用多样化的培训方式：为了增强培训效果，企业应采用多样化的培训方式，如课堂讲授、案例分析、模拟演练等。通过结合理论与实践，帮助采购人员更好地理解和掌握相关知识与技能。

（3）邀请行业专家进行授课：企业可以邀请具有丰富经验的行业专家进行授课，为采购人员提供宝贵的行业经验和市场动态。通过与专家的交流与互动，采购人员可以拓宽视野，提升自身的专业素养。

（4）建立培训考核机制：为了确保培训效果，企业应建立培训考核机制，对采购人员进行定期考核。通过考核，可以及时发现并纠正采购人员在工作中存在的问题和不足，从而促使其不断提升自身的业务能力。

通过建立跨部门协作机制和定期开展采购培训两大措施，企业可以有效地加强内部沟通与协作，提高采购效率和效果。这不仅能够保障采购活动的顺利进行，还能提升企业的整体运营效率和市场竞争力。在未来的发展中，随着市场环境的不断变化和采购管理的不断创新，企业还需不断探索和完善内部沟通与协作的方法和策略以适应日益复杂多变的商业环境。

## 六、利用政策与法规优化采购

在采购管理中，政策与法规的利用是一个常被忽视但极其重要的环节。通过密切关注政策法规的变化，并合理利用相关政策，特别是税收优惠政策，企业不仅可以确保采购活动的合规性，还能有效降低采购成本，从而提高整体采购绩效。

### 1. 关注政策法规变化

政策法规是企业运营的重要外部环境，对采购活动具有显著影响。因此，企业必须时刻关注政策法规的动态，以便及时调整采购策略。

(1)设立专门的政策法规监测机制:企业应设立专门的机制或指派专人负责监测与采购相关的政策法规变化。这包括但不限于税收政策、贸易政策、环保法规等。通过定期浏览政府部门网站、订阅相关政策法规更新服务等方式,确保企业能够第一时间获取最新信息。

(2)深入分析政策法规对企业采购的影响:当政策法规发生变化时,企业应迅速组织内部团队或外部专家进行深入分析。评估新政策对企业采购策略、供应商选择、成本控制等方面的影响,以便做出相应的调整。

(3)及时调整采购策略以确保合规性:根据政策法规的变化,企业可能需要对现有的采购策略进行调整。例如,如果新的环保法规对材料或产品的环保性能提出了更高要求,企业就需要在采购时更加注重环保指标,选择符合新标准的供应商和产品。

**2. 利用税收优惠政策**

税收优惠政策是国家为了鼓励某些行业或活动而制定的减免税收的政策。合理利用这些政策,可以有效降低企业的采购成本。

(1)深入了解税收优惠政策:企业应详细了解与自身业务相关的税收优惠政策。这包括但不仅限于增值税优惠、所得税减免、关税减免等。通过深入研究这些政策,企业可以明确自身在采购过程中可以享受哪些税收优惠。

(2)在采购合同中明确税收优惠条款:在与供应商签订采购合同时,企业应明确注明所享受的税收优惠政策。这样可以确保在后续结算过程中,双方能够按照合同约定的税收优惠条款进行操作,避免产生不必要的税务纠纷。

(3)合理利用税收优惠降低采购成本:通过合理利用税收优惠政策,企业可以在采购过程中获得一定的税收减免。例如,如果企业采购的是国家鼓励发展的高新技术产品,就可能享受到相应的增值税优惠。这些减免的税收可以直接转化为企业的利润,或者用于进一步降低采购成本。

（4）建立与税务部门的良好沟通机制：为了确保顺利享受税收优惠政策，企业应建立与税务部门的良好沟通机制，及时了解税务部门的最新政策解读和操作指南，确保企业在采购过程中能够准确理解和运用相关税收政策。

通过关注政策法规变化和合理利用税收优惠政策两大措施，企业可以有效地利用政策与法规来优化采购活动。这不仅能够确保采购活动的合规性，还能降低采购成本，提高企业的整体采购绩效。在未来的发展中，随着政策法规的不断变化和完善，企业还需不断探索和适应新的政策环境以适应日益复杂多变的商业环境。

## 七、结论

在深入探讨了采购绩效的改进措施与建议后，我们可以得出一个全面的结论。采购绩效的提升并非单一方面的努力，而是需要从多个维度进行综合考虑和实施。这些维度包括但不限于流程优化、成本控制、质量提升以及供应商管理等。每一个方面都是相互关联、相互影响的，只有协同推进，才能实现采购绩效的整体提升。

流程优化是提高采购效率的关键。通过精简流程、引入先进的采购技术和系统，企业能够加快采购周期，减少不必要的等待和延误，从而提高整体运营效率。此外，合理的流程设计还能减少人为错误和冲突，确保采购活动的顺利进行。成本控制是采购管理的核心目标之一。在采购过程中，企业不仅要关注产品价格，还要综合考虑运输、仓储、保险等附加成本。通过精细化管理和市场调研，企业可以寻找到性价比更高的供应商和产品，从而降低整体采购成本。同时，合理的库存管理策略也能有效减少资金占用和浪费。质量提升是确保采购活动成功的重要保障。企业应建立完善的质量控制体系，对供应商的产品进行严格把关。通过加强质量检测和评估，企业可以及时发现并处理潜在的质量问题，避免因产品质量问题而导致的生产中断和客户投诉。供应商管理在采购活动中也扮演着举足轻重的角色。优秀的供应商不仅能提供高质量的产品和服务，还能在关键时刻为企业提供必要的支持。因此，企业应建立科学的供应商评价体系，定期评估供应商的表现，并根据评估结果及时调整供应商选择策略。同时，与供应商建立长期稳定的合作关系也是至关重要的，这有助于保障供应链的稳定性和可靠性。

采购绩效的改进措施与建议是一个综合性的系统工程，需要企业从多个方面入手进行考虑和实施。企业应根据自身的实际情况和市场环境，制定切实可行的改进措施，并持续跟进和调整。通过不断优化采购流程、降低成本、提升质量以及加强供应商管理等方面的努力，企业可以逐步提升采购绩效，为自身的长远发展奠定坚实基础。

在未来的发展中，随着市场环境的不断变化和采购管理的不断创新，企业还需不断探索和完善采购绩效的改进措施与建议。这需要企业保持敏锐的市场洞察力，不断学习和借鉴先进的采购管理理念和方法，以适应日益复杂多变的商业环境。同时，企业也应加强内部沟通与协作，形成合力，共同推动采购绩效的持续提升。

参考文献

[1]柳荣. 采购与供应链管理[M]. 北京：人民邮电出版社，2018.

[2]何婵. 采购管理[M]. 南京：南京大学出版社，2017.

[3]张相斌，林萍，张冲. 供应链管理[M]. 北京：人民邮电出版社，2015.

[4]刘建琼. 中国政府采购市场开放现状与趋势[M]. 广州：世界图书出版公司，2013.

[5]刘战秋. 物资采购合同管理及风险防范对策[J]. 市场周刊，2024，37（10）：33－36.

[6]汪美林. 企业采购管理及成本控制研究[J]. 财经界，2023（36）：42－44.

[7]江丽. 供应商管理与评价影响采办管控[J]. 中国招标，2023（12）：165－167.

[8]何丽娜. 企业物资采购过程中质量控制的策略研究[J]. 环渤海经济瞭望，2023（08）：114－116.

[9]林滢. 基于供应链视角的现代企业采购管理探析[J]. 营销界，2023（16）：83－85.

[10]柳立挺. 强化招标采购管理提升企业经济效益[J]. 中国市场，2023（13）：189－192.

[11]韩雨，谢涵. 通过采购管理实务课程整体教学设计培养学生财经素养[J]. 中国储运，2023（05）：157－158.

[12]宋绪龙，赵岩，韩向东. 企业采购合同管理法律风险识别与防范[J]. 法制博览，2022（35）：148－150.

[13]彭栋梁. 采购管理在项目执行中成本控制方法[J]. 四川建材，2022，48（09）：198－199＋201.

[14]余程洋，唐果. 采购合同管理可视化实现与探索[J]. 铁路采购与物流，2022，17（03）：44－46.

[15]张宓. 基于供应链视角的企业采购成本控制优化策略研究[J]. 企业改革与管理，2022（03）：150－152.

［16］白雪，王连春，张丽虹. 落实降本增效背景下对采购方式的研究与探讨［J］. 中国商论，2021(08)：133－135.

［17］于佳嵩. 物资采购质量的管理控制研究［J］. 科技资讯，2019，17(30)：74－75.

［18］鲍宁，玄晶晶. 现代企业采购战略实施研究［J］. 中国物流与采购，2019(20)：61.

［19］王新永，杜新民，王超亮，等. 供应商管理绩效综合评价模型研究［J］. 企业改革与管理，2019(11)：20－21.

［20］侯少杰. 浅析供应商管理之潜在供应商定点审核［J］. 时代汽车，2019(06)：33－34.

［21］黄岩. 物资采购质量的管理控制研究［J］. 中国高新区，2017(21)：213.

［22］庞敏，田冬梅，郑博. 浅谈企业对供应商的管理［J］. 黑龙江科技信息，2017(18)：286.

［23］范炜. 政府采购绩效评估机制构建［J］. 现代经济信息，2015(21)：69.

［24］王芳丽. 制定精细化、差异化采购策略和采购方式［J］. 石油石化物资采购，2015(09)：6－7.

［25］王大江. 企业采购成本控制的实证研究［J］. 统计与决策，2015(08)：186－188.

［26］李建龙. 企业采购绩效评估原则［J］. 中国物流与采购，2014(01)：76－77.

［27］夏继河. 采购成本控制方法研究［J］. 现代营销(学苑版)，2011(12)：40.

［28］李宏. 企业采购战略的研究和实施［J］. 中国市场，2010(19)：38＋40.

［29］薛菁. 浅论政府采购绩效评价［J］. 福州党校学报，2010(02)：27－31.

［30］李荷华，周颐. 企业采购战略实施过程研究［J］. 商场现代化，2008(27)：84－85.